AF544072

Karl Marx

Lohn, Preis und Profit

Karl Marx
Lohn, Preis und Profit

Das kleine »Kapital«: ein Vortrag zur Politischen Ökonomie des Kapitalismus

Herausgegeben und kommentiert von Thomas Kuczynski

VSA: Verlag Hamburg

www.vsa-verlag.de

Druck- und Buchbindearbeiten:
ISBN 978-3-96488-147-2

Inhalt

Marx popularisiert Marx

Auf ökonomischem Gebiet hat Karl Marx im Grunde ein einziges Buch veröffentlicht, *Das Kapital*, und auch davon nur den ersten Band. Kein weiteres seiner vielen in der englischen Emigration entstandenen ökonomischen Manuskripte hat er – von kleineren Artikeln sowie dem 1859 erschienenen Heft *Zur Kritik der politischen Ökonomie* abgesehen – einer Publikation für wert befunden. Wer das Marx'sche ökonomische Denken in seiner ganzen Breite und Tiefe begreifen will, muss also das *Kapital* studieren, zumindest dessen ersten Band (vgl. die Neue Textausgabe im VSA: Verlag Hamburg – im Folgenden: NTA), möglichst auch die Vorarbeiten zu diesem und den nachfolgenden Bänden; sie alle sind erst nach seinem Tod veröffentlicht worden.

Aber schon der von ihm selbst publizierte Band, erst recht die Manuskript gebliebenen Teile seines Werks, bietet den Leserinnen und Lesern keine leichte Kost. Sich seinen Inhalt zu erarbeiten, erfordert viel Zeit, Mühe und Geduld. In einer Vorbemerkung zu der von ihm selbst bearbeiteten französischen Ausgabe des Bandes bemerkte Marx daher: »Dies nun ist ein Nachteil, gegen den ich, wenn überhaupt, nichts tun kann, als die um Wahrheit bemühten Leser zuvor davon in Kenntnis zu setzen und sie zu warnen: Es gibt keinen Königsweg für die Wissenschaft, und nur jene haben das Glück, auf ihre leuchtenden Gipfel zu gelangen, die nicht fürchten, beim Erklimmen ihrer steilen Pfade zu ermüden« (NTA, S. 13).

Was aber sollen jene tun, die nicht die leuchtenden Gipfel der Wissenschaft erklimmen, sondern allein zu einem – eignes politisch aktives Handeln erst ermöglichenden – Verständnis ihrer sozialökonomischen Lage gelangen wollen? Diese Frage hatte schon Zeitgenossen von Marx und Engels bewegt, und so erschienen in westeuropäischen Ländern Broschüren, die wichtige Resultate aus dem ersten Band des *Kapitals* zusammenfassten und popularisierten, allein bis 1895 auf Deutsch von Johann Most und Karl Kautsky, auf Italienisch von Carlo Cafiero, auf Niederländisch von Ferdinand Domela Nieuwenhuis, auf Französisch von Gabriel Deville und auf Englisch von Edward Aveling; in Russland dagegen, wo 1872 die erste Übersetzung des *Kapitals* überhaupt erschienen war, weil der Zensor das Buch als unverständlich und daher ungefährlich einstufte, war eben deshalb die Publikation einer solchen populären Einführung unmöglich.

Was keiner dieser Autoren wusste, war, dass sich in Marx' Nachlass das Manuskript eines Vortrags befand, in dem er bereits 1865 wichtige Gedankengänge aus dem noch unveröffentlichten Werk in populärer

Form zusammengefasst hatte, denn das Manuskript wurde erst nach Engels' Tod von Marx' Tochter Eleanor entdeckt und von ihr 1898 veröffentlicht. Ein paar Wochen zuvor schon erschien die erste deutsche Übersetzung, angefertigt von Eduard und Regina Bernstein. Unter dem Titel *Lohn, Preis und Profit* ist es, über hundert Jahre hinweg, eines der in der deutschen Arbeiterbewegung meistgelesenen Werke von Marx gewesen.

1.

Dass der mehr als 150 Jahre alte Vortrag erneut veröffentlicht wird, entspringt keiner denkmalspflegerischen Absicht, sondern der Aktualität des Themas wie auch seines Anlasses, auf den zunächst einzugehen ist.

Im Zentralrat der im September 1864 gegründeten Internationalen Arbeiterassoziation (IAA) hatte dessen Mitglied John Weston auf der Sitzung vom 14. März 1865 vorgeschlagen, bei nächster Gelegenheit folgende Fragen zu diskutieren: 1. Würde eine Lohnerhöhung in irgendeinem Teil der Industrie nicht auf Kosten der andern Teile der Industrie erlangt werden? 2. Würden die angeblichen Vorteile einer allgemeinen Erhöhung der Löhne nicht unwirksam gemacht werden durch eine entsprechende Erhöhung der Preise? Auf der Sitzung vom 4. April wiederholte er seine Fragen in modifizierter Form – 1. Kann das gesellschaftliche und materielle Wohlergehen der arbeitenden Klassen durch höhere Löhne allgemein verbessert werden? 2. Wirken die Anstrengungen von Gewerkschaften, höhere Löhne zu erlangen, nicht nachteilig auf die andern Teile der Industrie? – und erklärte dazu, er würde die erste Frage mit Nein beantworten und die zweite mit Ja. Aus den Kurzprotokollen des Zentralrats (vgl. deren Abdruck in Marx/Engels: *Gesamtausgabe*, Bd. I/20, S. 308, 313, 321 u. 325) geht hervor, dass Weston den ersten Teil seines Vortrags am 2. Mai 1865 gehalten hat, den zweiten am 23. Mai. Darüber hinaus hatte er zu diesen Fragen eine sechsteilige Artikelserie veröffentlicht, die in dem gewerkschaftlichen Wochenblatt *The Bee-Hive Newspaper* (London) vom 8. Oktober 1864 bis 6. Mai 1865 erschienen war.

Westons Fragen und Antworten sind – leider – immer noch hochaktuell. Wer im Wirtschaftsteil bürgerlicher Zeitungen liest, begegnet ihnen auf Schritt und Tritt. Hiernach führen Lohnsteigerungen angeblich zu Preiserhöhungen (die sogenannte Lohn-Preis-Spirale), und höhere Löhne haben angeblich den Abbau von Arbeitsplätzen zur Folge (die sogenannte Standortdebatte). Auch in arbeiterfreundlicheren, insbesondere in Gewerkschaftsblättern ist so etwas zu lesen, worauf zurückzukommen sein wird.

Wer im privaten Briefwechsel von Marx und Engels nachliest, wird finden, dass beide keine besonders hohe Meinung von den politischen und ökonomischen Ansichten Westons hatten (vgl. Marx-Engels-Werke – MEW – Bd. 31, S. 14/15, 122/23, 125 u. 128/29). Das hat Marx aber keineswegs daran gehindert, den seiner Ansicht nach irrenden Kampfgenossen ernst zu nehmen, einerseits dessen moralischem Mut Respekt zu zollen und andrerseits festzustellen, er halte dessen Argumentation für theoretisch falsch und praktisch gefährlich. Dementsprechend verlässt er bei seiner Gegenargumentation, die den ersten Teil des Vortrags (die Punkte 1 bis 5) ausmacht, keinen Augenblick die Ebene, auf der sein Kontrahent argumentiert, er bewegt sich voll und ganz auf der Ebene der Erscheinungen und behandelt allein alltägliche Oberflächenphänomene – Lohn, Preis und Profit, Angebot und Nachfrage, Produktion und Geldumsatz. Es ist diese Methode immanenter Textkritik, die Marx' Vortrag wohltuend unterscheidet von späteren »ideologischen« Auseinandersetzungen, in denen es zumeist nur darum ging und geht, den »Gegner« zu »vernichten« und selber Recht zu behalten. Schon von dieser praktisch-politischen Warte aus betrachtet, ist sein Vortrag als Lehrstück des Umgangs unter Mitstreiter...innen nach wie vor lesenswert.

2.

Im ersten Teil seines Vortrags ist also von »hoher ökonomischer Theorie« nicht die Rede. Jedoch, obgleich sie in der eigenen Argumentation nicht auftaucht, bildet sie deren Grundlage. Auf sie kommt Marx erst im zweiten Teil seines Vortrags zu sprechen, und er beginnt mit einem Paukenschlag: »Bürger, ich bin jetzt an einen Punkt gelangt, wo ich auf die wirkliche Entwicklung der Frage eingehn muss.« Hier spricht der Wissenschaftler, für den das Vorangegangene lediglich ein Vorgeplänkel war. Jetzt erst geht es zur Sache, die ganz unabhängig von den Ansichten seines Kontrahenten darzustellen ist, weshalb Weston selbst auch nur noch ein einziges Mal erwähnt wird. Und um ja kein Missverständnis bei seinen Zuhörern aufkommen zu lassen, beschließt er den ersten Punkt dieses Teils (den Punkt 6 seines Vortrags) mit der gnadenlosen Feststellung: »Wissenschaftliche Wahrheit ist immer paradox vom Standpunkt der alltäglichen Erfahrung, die nur den täuschenden Schein der Dinge wahrnimmt«, eine Aussage, auf die zurückzukommen sein wird.

Marx setzt seine Analyse also nicht mit der Betrachtung weiterer Oberflächenphänomene fort, er beginnt vielmehr mit der Frage, wie der Wert einer Ware bestimmt werde, und gelangt so zu der noch tiefer liegenden Frage, was die Substanz dieses Wertes sei. Damit ist er bei der wirklichen Grundlage allen Wirtschaftens angelangt, der Arbeit, denn dass die Menschen arbeiten, darin unterschieden und unterscheiden sie sich von allen anderen Tierarten. Nachdem er als Substanz des Wertes einer

Ware die in ihr vergegenständlichte Arbeit bestimmt hat, geht er zu der Frage über, wie diese Arbeit zu messen sei, nämlich an ihrer Dauer, der Arbeitszeit. Es handelt sich dabei allerdings nicht um die Arbeitszeit, die ein Einzelner für die Herstellung einer bestimmten Ware braucht, sondern um die durchschnittliche Arbeitszeit, die in einer Gesellschaft für die Herstellung dieser Ware benötigt wird, also um das, was Marx die gesellschaftlich notwendige Arbeitszeit nennt.

Wenn Marx damals Bedenken trug, seinen Vortrag zu veröffentlichen, so auch, weil er seiner Ansicht nach »notwendigerweise über allerlei hinwegschlüpfen muss(te)«, was er im Manuskript seines Buches ausführlicher und tiefer lotend dargestellt hatte (vgl. MEW, Bd. 31, S. 125). Dies betrifft auch seine eben referierte Wertbestimmung, zu der er im *Kapital* an späterer Stelle, im Abschnitt über den Arbeitslohn, feststellt, dass »der Wert einer Ware nicht durch das Quantum wirklich in ihr vergegenständlichter, sondern durch das Quantum der zu ihrer Produktion notwendigen lebendigen Arbeit bestimmt wird« (MEW, Bd. 23, S. 558/59; NTA, S. 472): Nicht das, was in der Vergangenheit an Produktionszeit gebraucht wurde, bestimmt die Wertgröße, sondern allein das, was in der Gegenwart, also gerade heute, gebraucht wird. Der Vortrag bietet daher an vielen Stellen nur einen Einstieg in seine ökonomische Theorie, deren Verständnis jedoch durch dessen Lektüre enorm erleichtert wird.

Umgekehrt enthob ihn der Zwang, »über allerlei hinweg(zu)schlüpfen«, der Notwendigkeit, die verschiedenen Formen, die der Wert annehmen kann, einer ausführlichen Analyse zu unterwerfen, und verschaffte ihm die Möglichkeit, manchen komplizierten Sachverhalt sehr präzise und kurz auf den Punkt zu bringen. So etwa, wenn er zum Preis, »der eine eigentümliche Form ist, die der Wert annimmt«, lediglich feststellt: »Preis ist an sich nichts als der *Geldausdruck des Werts*. Hierzulande z. B. werden die Werte aller Waren in Goldpreisen, auf dem Kontinent dagegen hauptsächlich in Silberpreisen ausgedrückt. Der Wert von Gold und Silber wie der aller andern Waren wird reguliert von dem zu ihrer Erlangung notwendigen Arbeitsquantum.« Diese prononcierte Aussage, die seine außerordentlich verwickelte Darstellung der verschiedenen Wertformen im *Kapital*-Band I auf den Punkt bringt, entzieht all jenen Diskussionen den Boden, die davon ausgehen, dass Marx im ersten Band lediglich eine Werttheorie entwickelt habe, der erst im dritten Band eine Preistheorie folgen sollte (an der er gescheitert sei). Die noch heute gängige Behauptung, die Preise seien durch das Verhältnis von Angebot und Nachfrage bestimmt, führt er mit der Gegenfrage ad absurdum, wodurch denn die Preise bestimmt seien, wenn sich Angebot und Nachfrage im Gleichgewicht befinden, und kommt damit wiederum auf den Wert als dem ersten Bestimmungsgrund des Preises: Es sind lediglich die Schwankungen der Preise um dieses »Zentrum«, die durch das Verhältnis von Angebot und Nachfrage bestimmt sind.

Dabei geht Marx davon aus, dass Geld in Gestalt von Gold- oder Silbermünzen Produkt gesellschaftlicher Arbeit ist, die in Arbeitszeit gemessen wird, also selbst einen bestimmten Wert hat. Dagegen wird dem Papiergeld, mit dem heute eingekauft wird, auch dem »Plastikgeld« (der Bankkarte) und erst recht dem »virtuellen Geld«, mit dem die bestellte Ware beim Online-Banking bezahlt wird, ein Wert zugeschrieben, der mit dem Arbeitsaufwand zu seiner Herstellung nichts zu tun hat: Die Herstellung eines Fünfhunderteuroscheins kostet nicht mehr als die eines Fünfeuroscheins, und der »Wert« einer Kreditkarte ändert sich in gar keiner Weise, ob mit ihr nun Einkäufe von zwanzig Euro »bezahlt« werden oder Einkäufe in Millionenhöhe. Wie aber die regelmäßig wiederkehrenden Finanzkrisen zeigen, ändert diese nur scheinbare Abkoppelung von der materiellen Produktion (der sog. Realwirtschaft) nichts daran, dass es realwirtschaftliche Vorgänge sind, die die Eigentümer...innen auch der ausgeklügeltsten Finanzprodukte aus ihren Wolkenkuckucksheimen wieder auf den harten Boden der Realität zurückschleudern, erst recht natürlich die Besitzer...innen auf Kredit gekaufter Eigenheime, die in Wahrheit der kreditierenden Bank gehören.

3.

Es ist also nicht so, dass Marx' Aussagen einfach eins zu eins auf die Gegenwart übertragen werden können. Sie müssen vielmehr stets sehr genau durchdacht und auf ihre Anwendbarkeit überprüft werden. Solches Vorgehen entspricht übrigens auch seinem eignen Lebensmotto *de omnibus dubitandum* (An allem ist zu zweifeln).

Seine wohl folgenreichste Entdeckung war die der Ware Arbeitskraft, denn ohne sie hätte er nicht deren Nutzung als einzige originäre Quelle des Mehrwerts aufdecken und den auch in allen Waren produzierenden Gesellschaften vor sich gehenden Wertbildungsprozess vom Verwertungsprozess des Kapitals unterscheiden können. War er noch im *Kommunistischen Manifest* der Auffassung, der Arbeitslohn sei der Preis der Arbeit, so polemisiert er jetzt (im Punkt 7 seines Vortrags) dagegen und stellt fest: »Was der Arbeiter verkauft, ist nicht direkt seine *Arbeit*, sondern seine *Arbeitskraft*, über die er dem Kapitalisten vorübergehend die Verfügung überlässt.« Das ist eine ebenso grundlegende wie saloppe Formulierung, denn: Was ich verkauft habe, gehört mir nicht mehr, und wenn ich es verkauft habe, kann ich es nicht noch einmal verkaufen. Aber Arbeiterin und Arbeiter verkaufen Tag für Tag, Woche für Woche, Monat für Monat, Jahr für Jahr – was? Nein, nicht ihre Arbeitskraft, vielmehr verkaufen sie dem Kapitalisten für einen bestimmten Zeitraum das Nutzungsrecht an der ihnen nach wie vor gehörenden Arbeitskraft. In der Tat bestimmt der Nebensatz »über die er dem Kapitalisten vorübergehend (!) die Verfügung überlässt« den entscheidenden Unterschied zum Sklaven, der mit Haut und Haaren in die Sklaverei verkauft worden war.

Der Unterschied zwischen dem Verkauf einer Sache und dem Verkauf des Nutzungsrechts an einer Sache ist am Beispiel einer Wohnung leicht zu erkennen: Die meisten Menschen in diesem Lande sind nicht in der Lage, eine Wohnung zu kaufen; sie müssen sie mieten, und das bedeutet nichts anderes, als das Nutzungsrecht an einer Wohnung zu kaufen, für das sie den Vermieter...innen Miete zahlen müssen. Von allem andern abgesehen ist auch klar, dass die Miete nicht den Wert bzw. Preis der Wohnung darstellt, sondern einen bestimmten Bruchteil davon, der, wenn es mit rechten Dingen zugeht, zur Reproduktion des Mietshauses, in dem die Wohnung liegt, beitragen soll. Genauso hat auch der Kapitalist keineswegs die Produktionskosten der Arbeitskraft (von der Geburt bis zum gestrigen Tage) zu zahlen, sondern lediglich deren Reproduktionskosten. Die bestimmen sich allerdings, wie bei jeder andren Ware, nach dem Arbeitsaufwand, der für die Reproduktionsmittel der Arbeitskraft notwendig ist, für Ernährung, Kleidung, Wohnung usw., nicht nur für die einzelne Arbeitskraft selbst, sondern auch für ihren Nachwuchs, der sie dereinst ersetzen soll – all dies wieder in Übereinstimmung mit der Marx'schen Arbeitswerttheorie.

4.

Ein Grundzug seines Vortrags ist der unerbittliche Realismus, mit dem Marx seine Zuhörer konfrontiert. Der »Ruf nach *Gleichheit der Löhne*« ist seiner Ansicht nach »ein unerfüllbarer *törichter* Wunsch«: Da »verschiedne Arten Arbeitskraft verschiedne Werte haben oder verschiedne Arbeitsquanta zu ihrer Produktion erheischen, so *müssen* sie auf dem Arbeitsmarkt verschiedne Preise erzielen. Nach *gleicher oder gar gerechter Entlohnung* auf Basis des Lohnsystems rufen, ist dasselbe, wie auf Basis des Systems der Sklaverei nach *Freiheit* zu rufen. Was ihr für recht oder gerecht erachtet, steht nicht in Frage. Die Frage ist: Was ist bei einem gegebnen Produktionssystem notwendig und unvermeidlich?«

Genauso räumt er mit dem gängigen Vorurteil auf, dass der Kapitalist seinen Profit erziele, weil er Waren zu einem Preis über ihrem Wert verkauft: »Um daher die *allgemeine Natur des Profits* zu erklären, müsst ihr von dem Grundsatz ausgehn, dass im Durchschnitt Waren *zu ihren wirklichen Werten verkauft* werden und dass *Profite sich herleiten aus dem*

Verkauf der Waren zu ihren Werten, d. h. im Verhältnis zu dem in ihnen vergegenständlichten Arbeitsquantum. Könnt ihr den Profit nicht unter dieser Voraussetzung erklären, so könnt ihr ihn überhaupt nicht erklären.«

Und unmittelbar daran anschließend erklärt er: »Dies scheint paradox und der alltäglichen Beobachtung widersprechend. Es ist ebenso paradox, dass die Erde um die Sonne kreist und dass Wasser aus zwei äußerst leicht entflammenden Gasen besteht. Wissenschaftliche Wahrheit ist immer paradox vom Standpunkt der alltäglichen Erfahrung, die nur den täuschenden Schein der Dinge wahrnimmt.« Dieser Gesichtspunkt ist nun näher zu betrachten.

5.

In der Tat, dass die chemische Verbindung von zwei giftigen Substanzen wie Natrium und Chlor kein doppelt so starkes Gift hervorbringt, sondern das relativ harmlose Kochsalz, dies Resultat kann das Alltagsbewusstsein zwar zur Kenntnis nehmen, aber ohne nähere Kenntnis der Chemie bleibt es ihm unverständlich, eben paradox. Dieser Umstand hindert jedoch ganz offensichtlich weder die sprichwörtliche Hausfrau noch den Hausmann der Moderne daran, das Kochsalz sachgemäß als Speisewürze zu verwenden. Umgekehrt muss ein guter Chemiker keineswegs auch ein guter Koch sein.

Auch bei der Analyse dessen, was Arbeiter...innen zu verkaufen haben, meint Marx, seine Zuhörer »mit einem scheinbaren Paradoxon überraschen« zu müssen, denn diese glauben zwar, ihre Arbeit zu verkaufen, aber in Wahrheit verkaufen sie ihre Arbeitskraft: Nicht ihre Arbeit hat einen Wert (im ökonomischen Sinne), sondern ihre Arbeitskraft. Jedoch verwirft er – ahnungsvoll – den Unbegriff *Wert der Arbeit* nicht völlig, sondern vermerkt: »Wo ich also das Wort ‚Wert der Arbeit' gebrauche, werde ich es nur als landläufigen Vulgärausdruck für ‚Wert der Arbeitskraft' gebrauchen« – Vulgärausdruck gemäß seiner im *Kapital* formulierten Auffassung, dass die Vulgärökonomie »sich nur innerhalb des scheinbaren Zusammenhangs herumtreibt, für eine plausible Verständlichmachung der sozusagen gröbsten Phänomene und den bürgerlichen Hausbedarf das von der wissenschaftlichen Ökonomie längst gelieferte Material stets von neuem wiederkäut« (MEW, Bd. 23, S. 95; NTA, S. 46).

Der Geldausdruck von diesem »Wert der Arbeit« ist der »Preis der Arbeit«, also der Lohn. Den Lohn als »Preis der Arbeit« anzusehen, ist nun aber nicht nur eine bis heute das Alltagsbewusstsein beherrschende Vorstellung, genau sie war und ist die Grundlage der erfolgreichsten Losung der traditionellen Arbeiterbewegung und allmählich auch der modernen Frauenbewegung: Gleicher Lohn für gleiche Arbeit! Die im Marx'-

schen Sinne korrekte Losung »Gleicher Lohn für gleiche Arbeitskraft« hätte wohl kaum jemanden auf die Straße gebracht.

Das Alltagsbewusstsein als Resultat der praktisch-geistigen Aneignung dieser Welt scheint also hinsichtlich der Umsetzung in praktische Politik zuweilen sogar der wissenschaftlichen Analyse überlegen – solange es sich nämlich um die Praxis des Alltags handelt. Dort jedoch geht es nicht um die wissenschaftliche Wahrheit, sondern um die richtige Politik. Und zu dem Unterschied von Wahrheit und bloßer Richtigkeit hatte schon der Philosoph Georg Wilhelm Friedrich Hegel in seiner *Enzyklopädie der philosophischen Wissenschaften* (§ 172) sehr hellsichtig bemerkt, es sei »eines der wesentlichsten logischen Vorurteile, dass solche qualitative Urteile wie ›die Rose ist rot‹ oder ›ist nicht rot‹ Wahrheit enthalten können. *Richtig* können sie sein, d. i. in dem beschränkten Kreise der Wahrnehmung, des endlichen Vorstellens und Denkens ...«

Hier kommt eine Problematik ins Spiel, die alle wissenschaftliche – nicht nur die gesellschaftswissenschaftliche, sondern ebenso die naturwissenschaftliche – Anschauung betrifft, dass nämlich den meisten Menschen im Alltagsleben das bloß Richtige viel vertrauter ist und daher viel näher liegt als das Wahre. Auch deshalb entnimmt Marx seine Beispiele für Paradoxien den zu seiner Zeit für die meisten Menschen ideologisch schon unverdächtig gewordenen Naturwissenschaften, nicht den – damals so wie heute – ideologisch scharf umkämpften Gesellschaftswissenschaften. Im Alltagsleben genügt es zumeist, das Richtige zu tun, ohne sich um irgendwelche wissenschaftlichen Grundlagen zu kümmern, ob nun der Fernsehapparat benutzt wird, ein Auto oder ein Computer. Anders liegen die Dinge, wenn es darum geht, ganz neue oder wesentlich verbesserte Dinge zu bauen, denn ein solches Tun hat die profunde Kenntnis von (Natur)-Wissenschaft und Technik zur Voraussetzung. Ganz analog verlangt der alltägliche Kampf in der althergebrachten Gesellschaft lediglich ein oberflächliches Verständnis der »sozusagen gröbsten Phänomene«, der Kampf um den Aufbau einer neuen Gesellschaft stellt dagegen sehr viel höhere Anforderungen an das theoretische Verständnis der Beteiligten.

6.

Der Kampf zwischen Kapital und Arbeit, mit dem sich Marx insbesondere im letzten Punkt seines Vortrags beschäftigt (Punkt 14), ist zunächst und vor allem eine praktische Angelegenheit. In diesem Zusammenhang stellt er abschließend fest: »Gewerkschaften tun gute Dienste als Sammelpunkte des Widerstands gegen die Gewalttaten des Kapitals. Sie verfehlen ihren Zweck zum Teil, sobald sie von ihrer Macht einen unsachgemäßen Gebrauch machen. Sie verfehlen ihren Zweck gänzlich, sobald sie sich darauf beschränken, einen Kleinkrieg gegen die Wirkungen des bestehenden Systems zu führen, statt gleichzeitig zu versuchen, es zu ändern, statt ihre organisierten Kräfte zu gebrauchen als einen Hebel zur schließlichen Befreiung der Arbeiterklasse, d.h. zur endgültigen Abschaffung des Lohnsystems.«

Was würde Marx zu den meisten der heutigen Gewerkschaften sagen? Dass sie den ihnen von ihm zugedachten Zweck gänzlich verfehlen, weil sie sich zumeist darauf beschränken, einen Kleinkrieg gegen die Wirkungen des bestehenden Systems zu führen, ohne das System selbst in Frage zu stellen oder gar zu bekämpfen. Und im Hinblick auf die Geschichte der deutschen Gewerkschaftsbewegung ist zu konstatieren, dass die in den Jahren der Weimarer Republik unternommenen Versuche, eine revolutionäre, über das kapitalistische System hinausweisende Gewerkschaftsbewegung zu begründen, letztlich gescheitert sind, ob es sich nun um die kommunistische Revolutionäre Gewerkschaftsopposition (RGO) handelte oder um die anarchistische Freie Arbeiterunion (FAU), die 1977 in Gestalt der Freien Arbeiterinnen- und Arbeiter-Union wiederbegründet worden ist und heute (mit ca. 800 Mitgliedern) im Miniformat existiert. Auch dies hatte sich Marx anders vorgestellt.

In der Tat steht der unerbittliche Realismus seiner Gegenwartsanalysen in teilweise scharfem Gegensatz zu seinen hoffnungsvollen Zukunftsprognosen. Stellte er im *Kommunistischen Manifest* einerseits historisch korrekt fest: »Der Leibeigene hat sich zum Mitglied der Kommune in der Leibeigenschaft herangearbeitet, wie der Kleinbürger zum Bourgeois unter dem Joch des feudalistischen Absolutismus«, so prognostizierte er andrerseits: »Der moderne Arbeiter dagegen, statt sich mit dem Fortschritt der Industrie zu heben, sinkt immer tiefer unter die Bedingungen seiner eignen Klasse herab« (MEW, Bd. 4, S. 473). Diese Prognose findet sich, in etwas abgeschwächter Form, auch im letzten Punkt seines Vortrags: »Die allgemeine Tendenz der kapitalistischen Produktion geht dahin, den durchschnittlichen Lohnstandard nicht zu heben, sondern zu senken ...«. Genau diese Voraussage hat das Proletariat in jahrzehntelangen schweren Klassenkämpfen ad absurdum geführt: Die Arbeiter... innen haben sich – wie zuvor der Leibeigne in der Kommune – zu Mitgliedern dieser Gesellschaft »herangearbeitet«, weil sie der Bourgeoisie und dem bürgerlichen Staat Lohnerhöhungen, Arbeitszeitverkürzungen, Sozial-, Renten- sowie Arbeitslosenversicherung und noch vieles andere mehr abzwingen konnten. Die so erkämpften Errungenschaften sind keineswegs gering zu schätzen. Zugleich aber haben sie sich auf grundlegend verschiedene Weise auf die Ausgestaltung der gesellschaftlichen

Verhältnisse ausgewirkt, sowohl der ökonomischen zwischen Kapital und Lohnarbeit als auch der politischen zwischen Bourgeoisie und Proletariat.

Auf dem Feld der Ökonomie war das Kapital auf längere Sicht stets in der Lage, die ihm abgezwungenen Zugeständnisse höchst profitabel umzusetzen. Das beste Beispiel hierfür liefert uns nach wie vor die Einführung des Achtstundentags. Stieß diese Forderung einerseits auf den erbitterten Widerstand der Bourgeoisie, so wurde der Achtstundentag andrerseits, einmal durchgesetzt, von ihr für eine bis dahin beispiellose Rationalisierungswelle genutzt, für eine Erhöhung insbesondere der Arbeitsintensität, die ohne die vorausgegangene Arbeitszeitverkürzung überhaupt nicht möglich gewesen wäre.

Auf dem Feld der Politik dagegen erzeugte der erfolgreiche Kampf gegen die schlimmsten Wirkungen des kapitalistischen Lohnsystems in weiten Kreisen des Proletariats die Illusion, dass auf diese Weise und auf längere Sicht auch dessen Ursachen zu beseitigen sind. Die Idee einer »Sozialpartnerschaft«, schon in den 1920er Jahren entstanden, wurde nach dem Zweiten Weltkrieg im Zuge der Etablierung des »Sozialstaats« allmählich zu einer nahezu das gesamte Gewerkschaftsleben erfassenden Ideologie. In diesem ideologischen Gewäsch wurde jeder auf Systemveränderung gerichtete Gewerkschaftsgedanke ertränkt. Als daher die Bourgeoisie und der bürgerliche Staat im Gefolge der Weltwirtschaftskrise von 1973 von der bis dahin betriebenen keynesianischen Politik des Sozialstaats zu der neoliberalen des Sozialabbaus übergingen, hielten es die meisten Gewerkschaftsführungen für richtig, eine allein defensive Strategie zu betreiben, die auf den Erhalt des Bestehenden gerichtet war, statt die Krise des kapitalistischen Systems für einen Kampf gegen dieses System zu nutzen. Widerstreitende Bewegungen wurden, wie der Streik der englischen Bergarbeiter und seine Niederkämpfung durch die Regierung Thatcher zeigte, brutal zerschlagen.

Als der »Realsozialismus« in Osteuropa, in dem den Gewerkschaften sowieso nur die Rolle eines »Transmissionsriemens der Partei« zugedacht war, wie ein Kartenhaus schmählich in sich zusammengefallen war, hatte der Neoliberalismus völlig freie Bahn, und die Gewerkschaftsführungen zogen »sozialpartnerschaftlich« am gleichen Strang. In Deutschland ging dies so weit, dass sie, statt die alte Losung »Gleicher Lohn für gleiche Arbeit« durchzusetzen, mithalfen, dass die Ostdeutschen für die gleiche Arbeit 60 % des Lohnes der Westdeutschen erhielten; das schon damals voraussehbare Resultat, dass sich beim Verfolg einer solchen Strategie beide bei 85 % treffen würden, ist immer noch nicht ganz erreicht. Die nachfolgenden Maßnahmen wie die Agenda 2010, Hartz IV usw. passten ebenso dazu wie die außerordentlich schwache Gegenwehr der Gewerkschaften, deren Befürwortung der Ungleichbehandlung von »Leiharbeitern« und Stammbelegschaft in einem Betrieb, die zögerliche Behandlung der Frage eines Mindestlohns und seiner ausnahmslosen Durchsetzung usw.

Letzteres ist durchaus verständlich, bedeutete sie doch einen Eingriff in die »Tarifautonomie« von Seiten des bürgerlichen Staates. Vor allem aber zeigte sie, dass die Gewerkschaften schon so schwach geworden waren, dass sie nicht einmal mehr anständige Tariflöhne für alle durchsetzen konnten. Als daher Gewerkschaftsmitglieder in einigen Branchen erkannten, dass die herrschende Gewerkschaftsbürokratie weder fähig noch willens ist, ihre Interessen zu vertreten und mit der Bildung von Spartengewerkschaften begannen – womit sie im Grunde nur zu dem in Deutschland bis 1933 vorhandenen Organisationsprinzip zurückkehrten –, hatte der DGB-Vorstand nichts Eiligeres zu tun, als gemeinsam mit dem Vorstand der Arbeitgeberverbände für den Erhalt einer so gar nicht mehr vorhandenen »Tarifeinheit« einzutreten: Ein Betrieb – eine Gewerkschaft ...

An diesem Tiefpunkt der Entwicklung angelangt, ist trotz alledem nüchtern zu konstatieren, dass die Gewerkschaften hierzulande, obgleich sie zu einem integralen Bestandteil des bestehenden Systems geworden sind, nach wie vor die einzige ernst zu nehmende Organisation sind, die der Politik der Herrschenden überhaupt Widerstand bietet, wie schwach und inkonsequent er auch sein mag. Andererseits hat die bisherige Entwicklung gezeigt, dass – im Unterschied zu den Alltagskämpfen innerhalb des herrschenden Lohnsystems – für den Kampf gegen das Lohnsystem selbst sowie dessen Ursachen offenbar eine andere Organisationsform notwendig ist als die der traditionellen Gewerkschaften. Dies ist der rationelle Kern des Kampfes gegen das Nurgewerkschaftertum, dessen ideologische Wurzel zumeist Lenin zugeschrieben wird, der aber, wie zu sehen, schon von Marx geführt worden ist.

7.

Marx betont in seinem Vortrag, »dass das gegenwärtige System bei all dem Elend, das es über sie (die Arbeiterklasse) verhängt, zugleich schwanger geht mit den *materiellen Bedingungen* und den gesellschaftlichen Formen, die für eine ökonomische Umgestaltung der Gesellschaft notwendig sind.« Diese materiellen Bedingungen sind jedoch nur die *notwendigen*. Zu einem Teil der *hinreichenden* werden sie erst gemeinsam mit den ideellen. Und wenn Lenin 1920 dazu meinte: »Erst dann, wenn die ›Unterschichten‹ das Alte nicht mehr wollen und die ›Oberschichten‹ in der alten Weise nicht mehr können, erst dann kann die Revolution siegen« (Lenin-Werke, Bd. 31, S. 71/72), dann hatte er damit – wie die späteren Entwicklungen zeigten – auch die Bedingungen einer siegreichen Konterrevolution formuliert.

Damit die »Unterschichten«, die »das Alte nicht mehr wollen«, nicht konterrevolutionären Bewegungen auf den Leim gehen, insbesondere nicht den faschistischen, die heute wieder in vielen Ländern Europas an Einfluss gewinnen, muss sich der Unwille mit dem klaren Bewusstsein über die gegenwärtige Lage und ihre Zukunftsaussichten paaren. Es gibt also keinen Mechanismus, der von den materiellen Bedingungen für eine ökonomische Umgestaltung der Gesellschaft quasi automatisch zu ihrer wirklichen Umgestaltung führt. So wie es später Lenin in seiner Schrift *Was tun?* formuliert hat: »Ohne revolutionäre Theorie kann es auch keine revolutionäre Praxis geben« (Lenin-Werke, Bd. 5, S. 379). Die revolutionäre Theorie aber ist genau das, was Marx zufolge dem Alltagsbewusstsein paradox erscheint.

In diesem Sinne ist Marx' Vortrag über *Lohn, Preis und Profit* nach wie vor nicht nur ein hervorragendes Beispiel für die Verbindung von revolutionärer Theorie und revolutionärer Praxis, sondern auch eine beständige Aufforderung, seinem Beispiel zu folgen und eine den gegenwärtigen Bedingungen adäquate Argumentation zu entwickeln, also über ihn hinauszugehen. Das setzt aber voraus, ihn wirklich zur Kenntnis zu nehmen.

8.

Es scheint angemessen, ein paar Worte über den Mann zu verlieren, dem es letztlich zu verdanken war, dass Marx seinen Vortrag überhaupt gehalten hat. Er darf mit Fug und Recht auf eine Stufe gestellt werden mit dem Zöllner in Brechts *Legende von der Entstehung des Buches Taoteking auf dem Wege des Laotse in die Emigration*: »Aber rühmen wir nicht nur den Weisen / Dessen Name auf dem Buche prangt! / Denn man muss dem Weisen seine Weisheit erst entreißen. / Darum sei der Zöllner auch bedankt: / Er hat sie ihm abverlangt.«

John Weston, von dem nicht einmal Lebensdaten überliefert scheinen, war Zeit seines aktiven politischen Lebens ein Anhänger des großen utopischen Sozialisten Robert Owen und als solcher eines der Gründungsmitglieder der Internationalen Arbeiterassoziation, in deren Zentralrat er sehr aktiv war. Nach der Spaltung der Internationale auf dem Haager Kongress von 1872 schlug er sich, seiner politischen Überzeugung entsprechend, auf die Seite der Anarchisten (zu seinem politischen Wirken vgl. Henry Collins, Chimen Abramsky: *Karl Marx and the British Labour Movement. Years of the First International*, London, New York 1965, S. 188-91, 244 u. 274/75). George Jacob Holyoake (1817–1906), der Begründer der englischen Genossenschaftsbewegung, hat ihm in seinen Erinnerungen (*Sixty years of an agitators life*. London 1892), im Kapitel über bemerkenswerte Politiker der Arbeiterklasse, ein im Ganzen wohl recht treffendes Denkmal gesetzt (vgl. Bd. 2, S. 263/64):

»Der andre war John Weston – der magerste, zäheste, sanfteste, zugleich aber feurigste, entschlossenste und überzeugendste Politiker der Arbeiterklasse. Er hatte nichts, ausgenommen seine Stimme und seine unaufhörliche Tatkraft. Er war ein Arbeiter, der alles sich selbst verdankte. In seiner Jugend war er Kuhhirt und Küchenjunge gewesen, schließlich Geländermacher – ein Gewerbe, das er sich selbst beibrachte. Niemand kannte es besser als er, denn er schrieb darüber ein Buch, das für dies Gewerbe maßgebend ist. Bis zu seinem 72. arbeitete er zehn bis zwölf Stunden an der Werkbank, und wenn der Abend kam, hielt er Reden. Mit der Unabhängigkeit, die zu zeigen sich nur ein guter Arbeiter leisten kann, trug er seine Überzeugung in jedes Haus, ob hoch oder niedrig, in das er kam, und sprach seine Meinung über allgemein interessierende Fragen aus ... Er stand keineswegs für den imperialistischen Kommunismus und den Staatssozialismus von Karl Marx, sondern bot diesem Meister der Agitation die Stirn und brachte Resolutionen gegen ihn ein. Wann immer in der Hauptstadt eine anständige Bewegung in Gang kam, war er bald dabei – wenn er nicht überhaupt der Erste war ... Von allen Männern sanften Gemüts, die ich kannte, war er der wildeste Arbeiter: In der Rede ein Waschlappen (jelly-fish), war er Dynamit in der Aktion.«

9.

Das Vortragsmanuskript wurde zu Marx' Lebzeiten nicht gedruckt. Marx ließ es unbetitelt und versah es lediglich mit dem Vermerk: »Dem Zentralrat vorgelesen am Dienstag (20. Juni 1865).« Auch gab er nur den Punkten 7–14 Überschriften, für die vorangegangenen dagegen beließ er es bei der bloßen Nummerierung. In der Sprache des Originals wurde der Vortrag erstmals 1898 von seiner Tochter Eleanor veröffentlicht, und zwar unter dem Titel *Value, price and profit* (Wert, Preis und Profit). Eine historisch-kritische Edition erschien in der *Marx-Engels-Gesamtausgabe* sowohl in Band II/4.1, Berlin 1988, S. 385–432, als auch in Band I/20, Berlin 1992, S. 143–86.

Ebenfalls 1898, aber schon etwas früher, erschien die erste deutsche Übersetzung des Vortrags unter dem Titel *Lohn, Preis und Profit* in der Zeitschrift *Die Neue Zeit* (Stuttgart), Jg. 16, Bd. 2, Nr. 27–31. Sie wurde ab 1908 auch als selbständige Broschüre mehrfach aufgelegt. Der Vermerk »Übersetzt von E.R. Bernstein« weist nicht allein, wie allgemein behauptet, auf den berühmt-berüchtigten Eduard Bernstein hin, sondern ebenso auf dessen Ehefrau Regina (zu Datierung und Urheberschaft vgl. *Der Briefwechsel Eduard Bernsteins mit Karl Kautsky, 1895–1905.* Hrsg. v. Till Schelz-Brandenburg. Frankfurt/M., New York 2003, S. 439, 585 u. 589/90).

Während der von Eleanor Marx gewählte Titel mehr der Logik der Marx'schen ökonomischen Theorie entspricht, rückt der von den Bernsteins gewählte Titel den eigentlichen Streitpunkt, also Ausgangspunkt und Anlass, in den Vordergrund, ist somit der durchaus zugkräftigere, was wohl auch der von Marx mit dem Vortrag verfolgten Absicht eher entsprochen hätte. Er ist deshalb in der Neuveröffentlichung beibehalten worden.

Eine zweite deutsche Übersetzung (von Bertha Braunthal) wurde 1923 herausgegeben von Hermann Duncker und bis 1932 mehrfach aufgelegt. Eine dritte (von Horst Fröhlich, Redaktion Erich Wendt) erschien 1934 in Moskau und Leningrad (ohne Nachauflagen). Die vierte deutsche Übersetzung (von Paul Weller, Redaktion Ernst Noffke), erstmals 1945 in Moskau erschienen, wurde dagegen in der DDR und in deutschsprachigen Verlagen des Auslands vielfach nachgedruckt, so auch in den *Marx-Engels-Werken*, Bd. 16, Berlin 1962, S. 103–52. Paul Weller (eigentlich Pavel Lazarevič Veller), 1903 in Kozlov (später Mičurinsk) geboren, war als Jugendlicher von 1913 bis 1924 in Berlin und dann in Moskau, wo er seit Mitte der 1920er Jahre Mitarbeiter im Marx-Engels-Institut (ab 1931 Marx-Engels-Lenin-Institut) war. Ihm vor allem ist die erste Edition von Marx' *Grundrissen der Kritik der politischen Ökonomie* (Moskau 1939–41) zu verdanken; er fiel im Oktober 1941 bei der Verteidigung Moskaus im Kampf gegen die deutschen Faschisten (vgl. *Kniga pamjati. O sotrudnikach Instituta Marksa-Engel'sa-Lenina pri CK VKP(b), pogivšich v bojach za Rodinu 1941–1945.* Moskau 1991, S. 32–43; zu den übrigen Übersetzern und Bearbeitern vgl. die Einträge in Hermann Weber, Andreas Herbst: *Deutsche Kommunisten. Biographisches Handbuch 1918 bis 1945.* 2. Aufl. Berlin 2008).

Den genannten deutschen Ausgaben verdankt die vorliegende Unterschiedliches und unterschiedlich viel. Als Textgrundlage wurde die Übersetzung Wellers verwendet, die nur an ganz wenigen Stellen präzisiert werden musste. Die Idee einer Aufteilung des Vortrags in zwei Abschnitte wurde der Übersetzung Braunthals entnommen, ebenso einige der für Einsteigerinnen und Einsteiger nützlichen Erläuterungen (beides in modifizierter Form). Das Vorwort zur Übersetzung der Bernsteins gab den Anstoß für die Bemerkungen zu John Weston. Die den *MEGA*-Editionen zugehörigen Anmerkungsapparate, naturgemäß weit ausführlicher als die früheren, gaben mannigfache Anregung für den hier angefügten.

Für Literaturhinweise danke ich Till Schelz-Brandenburg (Bremen), Ljudmila L. Vasina (Moskau) und Evelyn Watson (London).

*

Die neue Ausgabe erschien erstmals 2015 im LAIKA-Verlag Hamburg, als Band 6 der Reihe Marxist Pocket Books. Der VSA: Verlag Hamburg hat sich dankenswerterweise dazu bereit erklärt, die Ausgabe zu übernehmen. In Vorbereitung der Neuauflage habe ich den Text einer kritischen Durchsicht unterzogen. Bei dieser Gelegenheit habe ich einige Druckfehler beseitigt, einen erst neuerdings aufgefundenen Quellenbeleg nachgetragen, ein paar Daten aktualisiert und in den Fußnoten den Verweisen auf *Kapital* Band Eins in der MEW-Ausgabe die auf meine 2017 im VSA: Verlag Hamburg erschienene Neue Textausgabe hinzugefügt.

Thomas Kuczynski

Karl Marx
Lohn, Preis und Profit

[Einleitendes]

Bürger![1]

Bevor ich auf unsern Gegenstand eingehe, erlaubt mir einige Vorbemerkungen.

Gegenwärtig herrscht auf dem Kontinent eine wahre Epidemie von Streiks, und allgemein wird nach einer Lohnsteigerung gerufen. Die Frage wird auf unserm Kongreß zur Sprache kommen.[2] Ihr als Leiter der Internationalen Assoziation müßt einen festen Standpunkt in dieser überragenden Frage haben. Ich für meinen Teil habe es daher für meine Pflicht gehalten, ausführlich auf die Sache einzugehn – selbst auf die Gefahr hin, eure Geduld auf eine harte Probe zu stellen.

Eine Vorbemerkung noch mit Bezug auf Bürger Weston.[3] Nicht nur hat er vor euch Anschauungen entwickelt, die, wie er weiß, in der Arbeiterklasse äußerst unpopulär sind; er hat diese Anschauungen auch öffentlich vertreten, wie er glaubt – im Interesse der Arbeiterklasse. Eine solche Bekundung moralischen Muts müssen wir alle hochachten. Trotz des unverblümten Stils meiner Ausführungen wird er hoffentlich am Schluß derselben finden, daß ich mit dem übereinstimme, was mir als der eigentliche Grundgedanke seiner Sätze erscheint, die ich jedoch in ihrer gegenwärtigen Form nicht umhin kann, für theoretisch falsch und praktisch gefährlich zu halten.

Ich komme nun ohne Umschweife zur Sache.

[1] Bürger – dieser in der Internationalen Arbeiterassoziation (IAA) verwendeten Anrede entspricht die heute zumeist übliche Genossinnen und Genossen!

[2] unserm Kongreß – gemeint ist der Kongress der IAA, der ursprünglich für Juli 1865 in Brüssel vorgesehen war; da er dort nicht stattfinden konnte, fand statt dessen im September 1865 eine Konferenz in London statt. Vgl. den entsprechenden Beschluss, angenommen im Zentralrat der IAA am 25. Juli 1865, abgedruckt in Karl Marx, Friedrich Engels: Werke (im Folgenden: MEW), Bd. 16, S. 508–510.

[3] Zu Bürger Weston vgl. Punkt 8 der Vorbemerkung des Bearbeiters.

[I. Zu Westons Lohntheorie]

1. [Produktion und Löhne]

Bürger Westons Beweisführung beruhte wesentlich auf zwei Voraussetzungen:

1. daß der *Betrag der nationalen Produktion* ein *unveränderliches Ding* ist oder, wie die Mathematiker sagen würden, eine *konstante* Menge oder Größe;

2. daß der *Betrag des Reallohns*, d.h. des Lohns, gemessen durch das Warenquantum, das mit ihm gekauft werden kann, ein *unveränderlicher* Betrag, eine *konstante* Größe ist.

Nun, das Irrtümliche seiner ersten Behauptung springt in die Augen. Ihr werdet finden, daß Wert und Masse der Produktion von Jahr zu Jahr zunehmen, daß die Produktivkraft der nationalen Arbeit größer wird und daß die zur Zirkulation dieser gesteigerten Produktion notwendige Geldmenge fortwährend wechselt. Was am Ende des Jahres und für verschiedne miteinander verglichene Jahre gilt, das gilt auch für jeden Durchschnittstag im Jahr. Die Menge oder Größe der nationalen Produktion wechselt fortwährend. Sie ist keine *konstante,* sondern eine *variable* Größe, und ganz abgesehn von den Veränderungen des Bevölkerungsstandes kann das nicht anders sein wegen des fortwährenden Wechsels in der *Akkumulation des Kapitals* und der *Produktivkraft der Arbeit.* Unleugbar, fände heute eine *Steigerung der allgemeinen Lohnrate* statt, so würde diese Steigerung, welches immer ihre schließlichen Folgen, *an sich* nicht *unmittelbar* den Betrag der Produktion ändern. Sie würde zunächst einmal vom jetzigen Stand der Dinge ausgehn. War aber die nationale Produktion *vor* der Lohnsteigerung *variabel* und nicht *fix*, so wird sie auch *nach* der Lohnsteigerung fortfahren, variabel und nicht fix zu sein.

Gesetzt aber, der Betrag der nationalen Produktion sei *konstant* statt *variabel.* Selbst dann bliebe, was unser Freund Weston für einen Vernunftschluß hält, eine bloße Behauptung. Habe ich eine gegebne Zahl, sage 8, so hindern die *absoluten* Grenzen dieser Zahl ihre Bestandteile keineswegs, ihre *relativen* Grenzen zu ändern. Machte der Profit 6 aus und der Arbeitslohn 2, so könnte der Arbeitslohn auf 6 steigen und der Profit auf 2 fallen, und doch bliebe der Gesamtbetrag 8. So würde der fixe Betrag der Produktion keineswegs beweisen, daß der Betrag des Arbeitslohns fix sei. Wie beweist nun aber unser Freund Weston diese Fixität? Einfach indem er sie behauptet.

Aber selbst seine Behauptung zugegeben, ergibt sich aus ihr zweierlei, während er nur eins sieht. Ist der Lohnbetrag eine konstante Größe, so kann er weder vermehrt noch vermindert werden. Wenn daher die Arbeiter töricht handeln mögen, indem sie eine vorübergehende Lohnsteigerung erzwingen, so handeln die Kapitalisten nicht minder töricht, indem sie eine vorübergehende Lohnsenkung erzwingen. Unser Freund Weston leugnet nicht, daß die Arbeiter unter gewissen Umständen eine Steigerung des Arbeitslohns durchsetzen *können*, da aber sein Betrag von Natur fixiert sein soll, müsse ein Rückschlag erfolgen. Andrerseits weiß er auch, daß die Kapitalisten eine Lohnsenkung erzwingen *können* und daß sie dies in der Tat fortwährend versuchen. Nach dem Prinzip des konstanten Arbeitslohns müßte in dem einen Fall so gut wie in dem andern ein Rückschlag erfolgen. Wenn daher die Arbeiter sich dem Versuch oder der Durchführung einer Lohnsenkung widersetzten, täten sie ganz recht. Sie würden also richtig handeln, indem sie *eine Lohnsteigerung* erzwingen, weil jede *Abwehraktion* gegen eine Herabsetzung des Lohns eine *Aktion* für eine Lohnsteigerung ist. Nach Bürger Westons eignem Prinzip vom *konstanten Arbeitslohn* sollten sich die Arbeiter daher unter gewissen Umständen zusammentun und für eine Lohnsteigerung kämpfen.

Wenn er die Schlußfolgerung ablehnt, muß er die Voraussetzung preisgeben, woraus sie sich ergibt. Statt zu sagen, der Betrag des Arbeitslohns sei ein *konstantes Quantum*, müßte er sagen, daß, obgleich er weder *steigen* könne noch müsse, er vielmehr *fallen* könne und müsse, sobald es dem Kapital gefällt, ihn herabzusetzen. Beliebt es dem Kapitalisten, euch Kartoffeln an Stelle von Fleisch und Hafer an Stelle von Weizen essen zu lassen, so müßt ihr seinen Willen als Gesetz der politischen Ökonomie hinnehmen und euch ihm unterwerfen. Ist in einem Lande, z.B. den Vereinigten Staaten, die Lohnrate höher als in einem andern, z.B. England, so habt ihr euch diesen Unterschied in der Lohnrate aus einem Unterschied im Willen des amerikanischen und des englischen Kapitalisten zu erklären, eine Methode, die das Studium nicht nur der ökonomischen, sondern auch aller andern Erscheinungen zweifellos sehr vereinfachen würde.

Aber selbst dann wäre die Frage erlaubt, warum denn der Wille des amerikanischen Kapitalisten von dem des englischen verschieden ist. Und um auf diese Frage zu antworten, müßt ihr über den Bereich des *Willens* hinausgehen. Ein Pfaffe kann mir weismachen wollen, Gottes Wille sei in Frankreich eines und in England etwas andres. Wenn ich von ihm verlangte, mir diesen Willenszwiespalt zu erklären, könnte er die Stirn haben, mir zu antworten, es sei Gottes Wille, in Frankreich einen Willen zu haben und in England einen andern. Aber unser Freund Weston ist sicher der letzte, eine so vollständige Preisgabe alles vernünftigen Denkens als Argument geltend zu machen.

Sicher ist es der *Wille* des Kapitalisten, zu nehmen, was zu nehmen ist. Uns kommt es darauf an, nicht über seinen *Willen* zu fabeln, sondern seine *Macht* zu untersuchen, die *Schranken dieser Macht* und den *Charakter dieser Schranken.*

2. [Produktion, Lohn, Profit]

Der uns von Bürger Weston gehaltene Vortrag hätte in einer Nußschale Raum finden können.

Alle seine Ausführungen liefen auf folgendes hinaus: Wenn die Arbeiterklasse die Klasse der Kapitalisten zwingt, 5 sh. statt 4 in Gestalt von Geldlohn zu zahlen, so würde der Kapitalist dafür in Gestalt von Waren einen Wert von 4 statt 5 sh. zurückgeben.[4] Die Arbeiterklasse würde das mit 5 sh. zu bezahlen haben, was sie vor der Lohnsteigerung für 4 sh. kaufte. Aber warum ist dies der Fall? Warum gibt der Kapitalist im Austausch für 5 sh. nur einen Wert von 4 sh. zurück? Weil der Lohnbetrag fix ist. Warum ist er aber zu einem Warenwert von 4 sh. fixiert? Warum nicht zu 3 oder 2 sh. oder einer beliebigen andern Summe? Ist die Grenze des Lohnbetrags durch ein ökonomisches Gesetz bestimmt, das gleich unabhängig ist vom Willen des Kapitalisten wie vom Willen des Arbeiters, so hätte Bürger Weston zunächst einmal dies Gesetz aussprechen und nachweisen müssen. Er wäre dann aber auch den Beweis schuldig gewesen, daß der in jedem gegebnen Zeitpunkt faktisch gezahlte Lohnbetrag immer exakt dem notwendigen Lohnbetrag entspricht und niemals davon abweicht. Andrerseits, beruht die gegebne Grenze des Lohnbetrags auf dem *bloßen Willen* des Kapitalisten oder den Grenzen seiner

[4] Marx hat seinen Vortrag naturgemäß mit Beispielen in englischer Währung illustriert. Anders als heute unterteilte sich zu Marx' Zeiten das britische Pfund Sterling (Pfd. St. bzw. £) in 20 shilling (sh.), der Shilling in 12 Pence (d.); die kleinste Währungseinheit war der Farthing, ein Viertelpenny. Nach den damaligen, im Grunde bis zum Ausbruch des Ersten Weltkriegs gültigen Währungsrelationen war ein Shilling (rund) eine Mark wert. – Bedenken wir, dass beispielsweise die Einzelhandelspreise in den vergangenen 150 Jahren auf etwa das 80fache gestiegen sind, so ist klar, dass die von Marx gegebenen Daten nicht mit denen von heute verglichen werden können. – Zu der Schätzung vgl. Gregory Clark: What Were the British Earnings and Prices Then? (New Series) MeasuringWorth, 2014. URL: http://www.measuringworth.com (konsultiert am 2.2.2014).

Habgier, so ist sie willkürlich. Sie ist aller Notwendigkeit bar. Sie kann *durch* den Willen des Kapitalisten und kann daher auch *gegen* seinen Willen geändert werden.

Bürger Weston illustrierte euch seine Theorie damit, daß, wenn eine Schüssel ein bestimmtes Quantum Suppe zur Speisung einer bestimmten Anzahl von Personen enthalte, ein Breiterwerden der Löffel kein Größerwerden des Quantums Suppe bewirke. Er muß mir schon gestatten, diese Illustration recht ausgelöffelt zu finden. Sie erinnerte mich einigermaßen an das Gleichnis, zu dem Menenius Agrippa seine Zuflucht nahm.[5] Als die römischen Plebejer gegen die römischen Patrizier in den Streik traten, erzählte ihnen der Patrizier Agrippa, daß der patrizische Wanst die plebejischen Glieder des Staatskörpers mit Nahrung versehe. Agrippa blieb den Beweis schuldig, wie jemand die Glieder eines Mannes mit Nahrung versieht, indem er den Wanst eines andern füllt. Bürger Weston für sein Teil hat vergessen, daß die Schüssel, woraus die Arbeiter essen, mit dem ganzen Produkt der nationalen Arbeit gefüllt ist und daß, wenn irgend etwas die Arbeiter hindert, mehr aus der Schüssel herauszuholen, es weder die Enge der Schüssel noch die Dürftigkeit ihres Inhalts ist, sondern einzig und allein die Kleinheit ihrer Löffel.

Durch welchen Kunstgriff ist der Kapitalist imstande, für 5 Shilling einen 4-Shilling-Wert zurückzugeben? Durch die Erhöhung des Preises der von ihm verkauften Ware. Hängt denn nun aber das Steigen, ja überhaupt der Wechsel der Warenpreise, hängen etwa die Warenpreise selbst vom bloßen Willen des Kapitalisten ab? Oder sind nicht vielmehr bestimmte Umstände erforderlich, um diesen Willen wirksam zu machen? Wenn nicht, so werden die Auf- und Abbewegungen, die unaufhörlichen Fluktuationen der Marktpreise zu einem unlösbaren Rätsel.

Sobald wir unterstellen, daß keinerlei Wechsel stattgefunden, weder in der Produktivkraft der Arbeit noch im Umfang des Kapitals und der angewandten Arbeit, noch im Wert des Geldes, worin die Werte der Produkte geschätzt werden, sondern *nur ein Wechsel in der Lohnrate*, wie

---

[5] Als es im alten Rom um 494 v. u. Z. zu Kämpfen zwischen Patriziern und Plebejern kam, zogen die Plebejer aus der Stadt und besetzten den Heiligen Berg (Mons Sacer), um so gegen ihre ungerechte Behandlung durch die Patrizier zu protestieren. Der Legende nach entsandten daraufhin die Patrizier den angesehenen Senator Menenius Agrippa, um die Plebejer zur Rückkehr in die Stadt zu bewegen, und diesem soll das auch mit Hilfe einer Parabel gelungen sein: Danach hätten die Glieder des Körpers ihre Tätigkeit eingestellt, um nicht den faulen Magen mit Nahrung versorgen zu müssen, wodurch sie aber sich selbst geschwächt hätten und daher einsahen, dass in einem gegliederten Ganzen wie dem Körper (oder eben dem Staat) jeder Teil eine für das Ganze sinnvolle Funktion ausübe.

könnte diese *Lohnsteigerung* die *Warenpreise* beeinflussen? Doch nur, indem sie das bestehende Verhältnis zwischen der Nachfrage nach diesen Waren und ihrem Angebet beeinflußt.

Es ist sehr richtig, daß die Arbeiterklasse, als Ganzes betrachtet, ihr Einkommen in *Lebensmitteln* verausgabt und verausgaben muß. Eine allgemeine Steigerung der Lohnrate würde daher eine Zunahme der Nachfrage nach *Lebensmitteln* und folglich eine Steigerung ihrer *Marktpreise* hervorrufen. Die Kapitalisten, die diese Lebensmittel produzieren, wurden für den gestiegnen Lohn mit steigenden Marktpreisen für ihre Waren entschädigt. Wie aber die andern Kapitalisten, die *nicht* Lebensmittel produzieren? Und ihr müßt nicht glauben, daß das eine Handvoll ist. Wenn ihr bedenkt, daß $^{2}/_{3}$ des nationalen Produkts von $^{1}/_{5}$ der Bevölkerung – oder sogar nur von einem Siebtel, wie kürzlich ein Mitglied des Unterhauses erklärte[6] – konsumiert werden, so begreift ihr, welch bedeutender Teil des nationalen Produkts in Gestalt von Luxusartikeln produziert oder gegen Luxusartikel *ausgetauscht* und welche Unmenge selbst von den Lebensmitteln auf Lakaien, Pferde, Katzen usw. verschwendet werden muß, eine Verschwendung, von der wir aus Erfahrung wissen, daß ihr mit steigenden Lebensmittelpreisen immer bedeutendere Einschränkungen auferlegt werden.

Wie wäre nun die Stellung der Kapitalisten, die *nicht* Lebensmittel produzieren? Für das der allgemeinen Lohnsteigerung geschuldete *Fallen der Profitrate* könnten sie sich nicht durch eine *Steigerung des Preises ihrer Waren* schadlos halten, weil die Nachfrage nach diesen Waren nicht gewachsen wäre. Ihr Einkommen wäre geschmälert; und von diesem geschmälerten Einkommen hätten sie mehr zu zahlen für die gleiche Menge im Preise gestiegner Lebensmittel. Aber das wäre noch nicht alles. Da ihr Einkommen vermindert, würden sie weniger auf Luxusartikel zu verausgaben haben, und so würde ihre wechselseitige Nachfrage für ihre respektiven Waren abnehmen. Infolge dieser Abnahme würden die Preise ihrer Waren fallen. Daher würde in diesen Industriezweigen *die Profitrate fallen*, und zwar nicht bloß im einfachen Verhältnis zu der allgemeinen Steigerung der Lohnrate, sondern im kombinierten Verhältnis zu der allgemeinen Lohnsteigerung, der Preissteigerung der Lebensmittel und dem Preisfall der Luxusartikel.

Welche Folgen hätte diese *Differenz* in den *Profitraten* für die in den verschiednen Industriezweigen angewandten Kapitalien? Nun, dieselben, die gewöhnlich stattfinden, wenn aus irgendeinem Grund die *Durch-*

---

[6] So James White aus Brighton am 27. April 1865. Vgl. Hansard's Parliamentary Debates (London), Bd. 178, S. 1130.

schnittsprofitrate in den verschiednen Produktionssphären sich ändert. Kapital und Arbeit würden von den weniger gewinnbringenden nach den mehr gewinnbringenden Produktionszweigen abfließen; und dieser Abfluß würde so lange fortdauern, bis das Angebot in der einen Abteilung der Industrie im Verhältnis zu der gewachsenen Nachfrage gestiegen und in den andern Abteilungen entsprechend der verminderten Nachfrage gesunken wäre. *Sobald diese Änderung eingetreten*, wäre die *allgemeine Profitrate* in den verschiednen Zweigen wieder *ausgeglichen.*[7] Da der ganze Umschwung ursprünglich herrührte von einem bloßen Wechsel im Verhältnis der Nachfrage nach und dem Angebot von verschiednen Waren, so würde mit dem Aufhören der Ursache die Wirkung aufhören, und die *Preise* würden auf ihr vorheriges Niveau und ins Gleichgewicht zurückkehren. *Das Fallen der Profitrate*, statt auf einige Industriezweige beschränkt zu bleiben, wäre infolge der Lohnsteigerung *allgemein* geworden. Entsprechend unsrer Unterstellung hätte eine Änderung weder in der Produktivkraft der Arbeit stattgefunden noch im Gesamtbetrag der Produktion, wohl aber *hätte dieser gegebne Betrag der Produktion seine Form geändert.* Ein größerer Teil des Produkts existierte in Gestalt von Lebensmitteln, ein kleinerer in Gestalt von Luxusartikeln, oder, was dasselbe, ein geringerer Teil würde für ausländische Luxusartikel eingetauscht und in seiner ursprünglichen Form verzehrt, oder, was wieder auf dasselbe hinauskommt, ein größerer Teil des heimischen Produkts würde für ausländische Lebensmittel statt für Luxusartikel eingetauscht. Die allgemeine Steigerung der Lohnrate würde daher nach einer vorübergehenden Störung in den Marktpreisen nur ein allgemeines Sinken der Profitrate zur Folge haben, ohne daß die Warenpreise auf die Dauer verändert wären.

Wollte man mir einwenden, ich hätte in dieser Beweisführung angenommen, daß der ganze zuschüssige Arbeitslohn auf Lebensmittel verausgabt werde, so antworte ich, daß ich die günstigste Annahme für die Ansicht des Bürgers Weston unterstellt habe. Würde der zuschüssige Arbeitslohn auf Artikel verausgabt, die früher nicht in den Konsum der Arbeiter eingingen, so bedürfte der reale Zuwachs ihrer Kaufkraft keines Beweises. Da diese Zunahme der Kaufkraft sich jedoch nur aus einer Erhöhung des Arbeitslohns herleitet, so muß sie exakt der Abnahme der Kaufkraft der Kapitalisten entsprechen. Die *Gesamtnachfrage* nach Waren würde daher nicht *zunehmen*, wohl aber wäre in den Bestandteilen

[7] Diesen Mechanismus hatte Marx im Entwurf zum dritten Buch des Kapitals untersucht. Vgl. Karl Marx, Friedrich Engels: Gesamtausgabe (im Folgenden: MEGA2), Bd. II/4.2, S. 269–272, sowie Engels' Edition in MEW, Bd. 25, S. 205–208.

dieser Nachfrage eine *wechselseitige Änderung* eingetreten. Die zunehmende Nachfrage auf der einen Seite würde wettgemacht von der abnehmenden Nachfrage auf der andern Seite. Indem so die Gesamtnachfrage unverändert bliebe, könnte keinerlei Veränderung in den Marktpreisen der Waren stattfinden.

Ihr seid also vor dies Dilemma gestellt: Entweder wird der zuschüssige Arbeitslohn gleichmäßig auf alle Konsumtionsartikel verausgabt – dann muß die Ausdehnung der Nachfrage auf seiten der Arbeiterklasse aufgewogen werden durch die Einschränkung der Nachfrage auf seiten der Kapitalistenklasse –, oder der zuschüssige Arbeitslohn wird nur auf einige Artikel verausgabt, deren Marktpreise vorübergehend steigen werden. Dann wird das nachfolgende Steigen der Profitrate in den einen und das nachfolgende Fallen der Profitrate in den andern Industriezweigen einen Wechsel in der Distribution von Kapital und Arbeit hervorrufen, so lange bis das Angebot entsprechend der gestiegnen Nachfrage in der einen Abteilung der Industrie gesteigert und entsprechend der verminderten Nachfrage in den andern gesenkt wird. Unter der einen Voraussetzung wird keine Änderung in den Warenpreisen eintreten. Unter der andern Voraussetzung werden die Tauschwerte der Waren nach einigen Schwankungen der Marktpreise auf das frühere Niveau zurückkehren. Unter beiden Voraussetzungen wird das allgemeine Steigen der Lohnrate in letzter Instanz zu nichts andrem führen als zu einem allgemeinen Fallen der Profitrate.

Um eure Einbildungskraft anzuregen, ersuchte euch Bürger Weston, die Schwierigkeiten zu bedenken, die eine allgemeine Steigerung der englischen Landarbeiterlöhne von 9 auf 18 sh. hervorrufen würde. Bedenkt, rief er, die ungeheure Steigerung der Nachfrage nach Lebensmitteln und die nachfolgende furchtbare Steigerung ihrer Preise! Nun wißt ihr ja alle, daß der Durchschnittslohn der amerikanischen Landarbeiter sich auf mehr als das Doppelte von dem der englischen beläuft, obgleich die Preise landwirtschaftlicher Produkte in den Vereinigten Staaten niedriger sind als im Vereinigten Königreich, obgleich in den Vereinigten Staaten das gesamte Verhältnis zwischen Kapital und Arbeit das gleiche ist wie in England und obgleich der jährliche Betrag der Produktion in den Vereinigten Staaten viel geringer ist als in England. Warum läutet unser Freund dann die Sturmglocke? Einfach, um uns von der wirklichen Frage abzubringen. Eine plötzliche Lohnsteigerung von 9 auf 18 sh. wäre eine plötzliche Steigerung von 100%. Nun, wir debattieren ja gar nicht die Frage, ob die allgemeine Lohnrate in England plötzlich um 100% erhöht werden könnte. Wir haben überhaupt nichts zu tun mit der *Größe* der Steigerung, welche in jedem praktischen Fall von den gegebnen Umständen abhängen und ihnen angepaßt sein muß. Wir haben nur zu untersuchen, wie eine allgemeine Steigerung der Lohnrate wirkt, selbst wenn sie sich nur auf 1 Prozent beläuft.

Ich lasse die von Freund Weston erfundene Steigerung von 100% auf sich beruhen und mache euch auf die wirkliche Lohnsteigerung aufmerksam, die in Großbritannien von 1849 bis 1859 stattfand.

Euch allen ist die Zehnstundenbill bekannt, oder vielmehr die Zehneinhalbstundenbill, die seit 1848 in Kraft ist.[8] Dies war eine der größten ökonomischen Veränderungen, die unter unsern Augen vorgegangen. Es war das eine plötzliche und unfreiwillige Lohnsteigerung nicht etwa in einigen lokalen Geschäftszweigen, sondern in den führenden Industriezweigen, durch die England den Weltmarkt beherrscht. Sie brachte eine Lohnsteigerung unter ausnehmend ungünstigen Umständen. Dr. Ure, Professor Senior und all die andern offiziellen ökonomischen Wortführer der Bourgeoisie *bewiesen* – und ich muß sagen, mit viel durchschlagenderen Gründen als Freund Weston –, daß sie die Totenglocke der englischen Industrie läuten werde. Sie bewiesen, daß sie nicht bloß auf eine gewöhnliche Lohnsteigerung hinauslaufe, sondern auf eine durch die Abnahme des Quantums der angewandten Arbeit veranlaßte und darauf gegründete Lohnsteigerung. Sie behaupteten, daß die 12. Stunde, die man dem Kapitalisten wegnehmen wolle, gerade die einzige Stunde sei, woraus er seinen Profit herleite. Sie drohten mit Abnahme der Akkumulation, Steigerung der Preise, Verlust der Märkte, Schrumpfung der Produktion, daher entspringendem Rückschlag auf die Löhne und schließlichem Ruin.[9] In der Tat erklärten sie Maximilien Robespierres Gesetze über das Maximum für eine Lappalie im Vergleich damit;[10] und

---

[8] Die Zehnstundenbill verfügte, dass die Arbeiter in den von ihr betroffenen Fabriken Englands von Montag bis Freitag 10½ Stunden und am Samstag 7½ Stunden zu arbeiten hatten, im Wochendurchschnitt also 10 Stunden.

[9] Vgl. etwa Andrew Ure: The philosophy of manufactures: or, an exposition of the scientific, moral, and commercial economy of the factory system of Great Britain. 2. ed. London 1835, S. 328f., sowie Nassau William Senior: Letters on the Factory Act, as it affects the cotton manufacture. London 1837, S. 12f., dazu die Analyse im Kapital-Bd. I, insbes. den Punkt 3 des 7. Kapitels über »Seniors letzte Stunde« (MEW, Bd. 23, S. 237–243; NTA, S. 181–186). – Mit dem Verweis auf MEW, Bd. 23, ist stets Kapital-Bd. I gemeint, weshalb diese Angabe im Folgenden zumeist weggelassen ist.

[10] Die Gesetze über das Maximum (lois de maximum) wurden während der französischen Revolution unter der Herrschaft der Jakobiner erlassen, von Marx hier versinnbildlicht in der Gestalt eines ihrer führenden Mitglieder, von Maximilien de Robespierre (1758–94). Das »kleine Maximum« vom 4. Mai 1793 betraf lediglich die Festlegung von Höchstpreisen für Getreide, das »allgemeine Maximum« vom 23. September galt für alle Waren des Grundbedarfs sowie alle Löhne; zudem verbot ein am 26. Juli er-

in gewissem Sinn hatten sie recht. Schön, was war das Resultat? Steigerung des Geldlohns der Fabrikarbeiter trotz der Verkürzung des Arbeitstags, große Zunahme der Zahl der beschäftigten Fabrikarbeiter, anhaltendes Fallen der Preise ihrer Produkte, wunderbare Entwicklung der Produktivkraft ihrer Arbeit, unerhört fortschreitende Ausdehnung der Märkte für ihre Waren. Zu Manchester, 1860 auf der Tagung der Gesellschaft zur Förderung der Wissenschaft, hörte ich selber Herrn *Newman* eingestehn, daß er, Dr. Ure, Senior und alle andren offiziellen Leuchten der ökonomischen Wissenschaft sich geirrt hätten, während der Instinkt des Volks recht behalten habe.[11] Ich nenne Herrn W. Newman – nicht Professor Francis Newman –, weil er eine hervorragende Stellung in der ökonomischen Wissenschaft einnimmt als Mitarbeiter und Herausgeber von Herrn *Thomas Tookes »History of Prices«*, diesem prächtigen Werk, das die Geschichte der Preise von 1793 bis 1856 verfolgt.[12] Wenn Freund Westons fixe Idee von einem fixen Lohnbetrag, einem fixen Betrag der Produktion, einem fixen Grad der Produktivkraft der Arbeit, einem fixen und immerwährenden Willen der Kapitalisten und alle seine übrige Fixität und Finalität richtig wären, so wären Professor Seniors traurige Voraussagen richtig gewesen, und unrecht hätte Robert Owen gehabt, der bereits 1816 eine allgemeine Beschränkung des Arbeitstags für den ersten vorbereitenden Schritt zur Befreiung der Arbeiterklasse erklärte und sie, dem landläufigen Vorurteil praktisch zum Trotz, auf eigne Faust in seiner Baumwollspinnerei zu New Lanark durchführte.[13]

---

lassenes Gesetz das Horten von Artikeln des Grundbedarfs. Nach dem Sturz der Jakobiner wurden alle diese Gesetze im Dezember 1794 aufgehoben. – Dass sie von Ure, Senior usw. als Lappalie bezeichnet wurden, ist metaphorisch gemeint, da die Gesetze bei ihnen überhaupt nicht erwähnt werden.

[11] Marx bezieht sich hier auf die 31. Tagung der »British Association for the Advancement of Science«, die im September 1861 (nicht: 1860) stattfand und an der er teilgenommen hatte. Dort hielt der Vorsitzende der ökonomischen Sektion der Gesellschaft, William Newmarch (nicht: Newman), einen Vortrag, der die Frage behandelte, in welchem Umfang gesunde Prinzipien der Besteuerung Bestandteil der britischen Gesetzgebung sind. Vgl. Report of the 31st meeting of the British Association for the Advancement of Science. London 1862, S. 201–203. – Zu den genannten Ökonomen William Newmarch (1820–1882), Andrew Ure (1778–1857), Nassau William Senior (1790–1864) und Francis Newman (1805–1897) hat sich Marx im Kapital-Band I ausführlicher geäußert.

[12] Vgl. Thomas Tooke: A history of prices, and the state of the circulation. Bd. 1–6, London 1838–57. Mitautor der 1857 erschienenen Bände 5 und 6 war W. Newmarch.

[13] Vgl. Robert Owen: Observations on the effect of the manufacturing system; with hints for the improvement of those parts of it which are most injurious to health and morals. London 1815. 2. ed. 1817, sowie Owen: An outline of the system of education at New Lanark. Glasgow 1824. Vgl. auch MEW, Bd. 23, S. 317, Note 191; NTA, S. 257.

Während ebenderselben Periode, in der die Einführung der Zehnstundenbill und die nachfolgende Lohnsteigerung vor sich ging, erfolgte in Großbritannien aus Gründen, die aufzuzählen hier nicht der Ort ist, *eine allgemeine Steigerung der Landarbeiterlöhne.*

Obgleich es für meinen unmittelbaren Zweck nicht erheischt ist, werde ich dennoch, um bei euch keine Mißverständnisse aufkommen zu lassen, einige Vorbemerkungen machen.

Wenn ein Mann erst 2 sh. Wochenlohn erhält und sein Lohn dann auf 4 sh. steigt, so ist die *Lohnrate* um 100% gestiegen. Als Steigerung der *Lohnrate* ausgedrückt scheint dies eine großartige Sache, obgleich der *faktische Lohnbetrag*, 4 sh. die Woche, noch immer ein miserabel niedriger, ein Hungerlohn wäre. Ihr müßt euch daher von den groß klingenden Prozentzahlen der *Rate* des Arbeitslohns nicht beirren lassen. Ihr müßt immer fragen: Was war der *ursprüngliche* Betrag?

Ferner werdet ihr verstehen, daß, wenn 10 Mann je 2 sh. die Woche, 5 Mann je 5 sh. und 5 Mann je 11 sh. wöchentlich erhielten, die 20 Mann zusammen 100 sh. oder 5 Pfd.St.[14] wöchentlich erhalten würden. Wenn nun eine sage zwanzigprozentige Steigerung der Gesamtsumme ihres Wochenlohns stattfände, so gäbe das eine Zunahme von 5 auf 6 Pfd.St. Zögen wir den Durchschnitt, so könnten wir sagen, daß die *allgemeine Lohnrate* um 20% gestiegen wäre, obgleich in Wirklichkeit der Arbeitslohn der 10 Mann unverändert geblieben, der der einen Gruppe von 5 Mann nur von 5 auf 6 sh. per Mann und der der anderen von 5 Mann von insgesamt 55 auf 75 sh.[15] gestiegen wäre. Eine Hälfte der Leute hätte ihre Lage überhaupt nicht verbessert, $^1/_4$ in kaum merklichem Grade, und nur $^1/_4$ hätte sie wirklich verbessert. Indes, im *Durchschnitt* gerechnet, hätte der Gesamtlohnbetrag jener 20 Mann um 20% zugenommen, und soweit das Gesamtkapital in Betracht kommt, das sie beschäftigt, und die Preise der Waren, die sie produzieren, würde es genau dasselbe sein, als hätten sie alle gleichmäßig an der durchschnittlichen Lohnsteigerung teilgenommen. Was nun den Fall mit der Landarbeit angeht, für die der Lohnstandard in den verschiednen Grafschaften Englands und Schottlands sehr verschieden ist, so wirkte sich die Steigerung sehr ungleich auf ihn aus.

Endlich waren während der Periode, in der jene Lohnsteigerung stattfand, entgegenwirkende Einflüsse am Werk, wie z.B. die durch den Rus-

---

[14] In der Handschrift versehentlich: 110sh. or 5l. 10sh. Der analoge Fehler zwei Zeilen tiefer: 5l. 10sh.

[15] In der Handschrift versehentlich: 72sh.

sischen Krieg[16] hervorgerufenen neuen Steuern, die massenhafte Zerstörung der Wohnhäuser der Landarbeiter[17] usw.

Nachdem ich soviel vorausgeschickt, komme ich nun zu der Feststellung, daß von 1849 bis 1859 die Durchschnittsrate der Landarbeiterlöhne Großbritanniens eine *Steigerung von ungefähr 40%* erfuhr. Ich könnte weitläufige Einzelheiten zum Beweis meiner Behauptung anführen, aber für vorliegenden Zweck betrachte ich es als ausreichend, auf den gewissenhaften und kritischen Vortrag hinzuweisen, den der verstorbne Herr *John C. Morton* 1860 über *»The Forces used in Agriculture«* in der Londoner Society of Arts hielt.[18] Herr Morton führt statistische Angaben aus Quittungen und andern authentischen Schriftstücken an, die er in 12 schottischen und 35 englischen Grafschaften bei ungefähr 100 dort ansässigen Pächtern gesammelt.

Gemäß Freund Westons Ansicht, und wenn man damit die gleichzeitige Steigerung des Arbeitslohns der Fabrikarbeiter in Zusammenhang bringt, hätten die Preise der landwirtschaftlichen Produkte während der Periode von 1849 bis 1859 gewaltig steigen müssen. Was aber geschah faktisch? Trotz des Russischen Kriegs und der aufeinanderfolgenden ungünstigen Ernten von 1854 bis 1856 fiel der Durchschnittspreis des Weizens – der das wichtigste landwirtschaftliche Produkt Englands ist – von ungefähr 3 Pfd.St. per Quarter in den Jahren 1838 bis 1848 auf ungefähr 2 Pfd.St. 10 sh. per Quarter für die Jahre 1849 bis 1859. Das macht eine Abnahme des Weizenpreises von mehr als 16% in derselben Zeit, wo die Steigerung der Landarbeiterlöhne im Durchschnitt 40% betrug. Während derselben Periode, wenn wir ihr Ende mit ihrem Beginn, 1859

---

[16] Mit dem russischen Krieg ist der Krimkrieg (1853–56) gemeint, den Russland um die Vorherrschaft im Nahen Osten gegen die Türkei (das damalige Osmanische Reich) führte; auf Seiten der Türkei beteiligten sich Großbritannien und Frankreich sowie ab 1855 das (später zu Italien gehörige) Königreich Sardinien.

[17] Vgl. hierzu die zeitgenössischen Schilderungen und deren Analyse im Punkt 5e) des 23. Kapitels (MEW, Bd. 23, S. 710–721; NTA, S. 607-630).

[18] Den Vortrag über die in der Landwirtschaft genutzten Kräfte hielt John Chalmers Morton (1821–88), der Sohn des 1864 verstorbenen und ebenfalls über Fragen der Landwirtschaft publizierenden John Morton (1781–1864); vgl. John Chalmers Morton: On the Forces used in Agriculture. In: Journal of the Society of Arts, and of the Institutions in Union (London), Bd. VIII, Nr. 368 vom 9. Dezember 1859, S. 53–61, zu den angeführten Daten S. 58. – Zu den Mitgliedern der 1754 gegründeten Gesellschaft (Society for the Encouragement of Arts, Manufacture and Commerce) zählte später auch Marx selbst. Zu seiner Wahl am 30. Juni 1869 vgl. die Mitteilung im Journal ..., Bd. XVII, Nr. 867 vom 2. Juli 1869, S. 646.

mit 1849 vergleichen, nahm der offizielle Pauperismus[19] von 934.419 auf 860.470 ab, was eine Differenz von 73.949 ausmacht. Ich gestehe, das ist eine sehr kleine Abnahme, die überdies in den folgenden Jahren wieder verlorenging, aber immerhin eine Abnahme.[20]

Es kann gesagt werden, daß infolge der Abschaffung der Korngesetze[21] die Einfuhr von ausländischem Korn in der Periode von 1849 bis 1859 sich mehr als verdoppelt hat, verglichen mit der Periode von 1838 bis 1848. Was folgt aber daraus? Von Bürger Westons Standpunkt würde man erwartet haben, daß diese plötzliche, gewaltige und anhaltend zunehmende Nachfrage auf den ausländischen Märkten die Preise der landwirtschaftlichen Produkte dort furchtbar hinaufgeschraubt haben müßte, da die Wirkung einer vergrößerten Nachfrage die gleiche bleibt, ob sie nun vom Ausland oder vom Inland kommt. Was geschah faktisch? Mit Ausnahme einiger Jahre schlechter Ernten bildete das ruinöse Fallen des Kornpreises in dieser ganzen Periode das stehende Thema, worüber in Frankreich deklamiert wurde; die Amerikaner sahen sich immer und immer wieder genötigt, ihr überschüssiges Produkt zu verbrennen; und wenn wir Herrn Urquhart glauben sollen, so schürte Rußland den Bürgerkrieg in den Vereinigten Staaten, weil seine landwirtschaftliche Ausfuhr auf den Kornmärkten Europas durch die Konkurrenz der Yankees geschmälert wurde.[22]

Auf ihre abstrakte Form reduziert, käme Bürger Westons Behauptung auf folgendes hinaus: Jede Steigerung der Nachfrage geht immer

---

[19] Der Terminus Pauperismus (vom lateinischen pauper – arm) bezeichnete seit Beginn des 19. Jahrhunderts in England eine mit der Industriellen Revolution einhergehende massenhafte Verarmung; die davon abgeleitete Benennung Pauper (der einzelne Arme) hat Marx ebenfalls benutzt (vgl. den Text zu Anm. 77).

[20] Zu den Quellen der in diesem und dem nachfolgenden Absatz genannten statistischen Daten vgl. die Edition eines von Marx ab Dezember 1864 geführten Notizbuchs in MEGA2, Bd. IV/18, S. 80 u. 947.

[21] Die Korngesetze wurden 1815 auf Druck der englischen Großgrundbesitzer, der Landlords, eingeführt (Importation Act 1815), um damit die Einfuhr billigeren Getreides zu verhindern. Da sie die Ausweitung des Handels mit Industrieprodukten behinderten und, wegen der dadurch überhöhten Lebenshaltungskosten, die Lohnkosten für die Arbeitskräfte erhöhten, wurden sie von der liberalen Bourgeoisie unter Führung der 1838 gegründeten Anti-Corn-Law League scharf bekämpft. Da sich infolge der Korngesetze auch die Lebenslage des Proletariats stark verschlechtert hatte, kämpfte es in seinem eigenen Interesse, unter Führung seiner ersten Kampforganisation (den Chartisten), ebenfalls gegen die Gesetze. Nach der 1846 erfolgten Abschaffung der Korngesetze (Importation Act 1846) zerfiel diese zeitweilige Allianz von liberaler Bourgeoisie und Proletariat. Vgl. auch die Ausführungen in MEW, Bd. 23, insbes. S. 297–300, 477–482 u. 704–706; NTA, S. 237–241, 401–406 u. 609–612.

[22] Vgl. David Urquhart: The right of search. Two speeches. London 1862, S. 88 u. 90.

auf Basis eines gegebnen Betrags der Produktion vor sich. Sie kann daher *nie das Angebot der nachgefragten Artikel vergrößern, sondern nur ihre Geldpreise erhöhn.* Nun lehrt aber die einfachste Beobachtung, daß eine vergrößerte Nachfrage in einigen Fällen die Marktpreise der Waren durchaus unverändert läßt, in andern Fällen ein vorübergehendes Steigen der Marktpreise bewirkt, begleitet von vergrößertem Angebot und wiederum von einem Rückgang der Preise *auf* ihr ursprüngliches Niveau, ja, vielfach sogar *darunter.* Ob die Steigerung der Nachfrage aus zuschüssigem Arbeitslohn oder einer andern Ursache entspringt, ändert nichts an den Bedingungen des Problems. Von Bürger Westons Standpunkt war die allgemeine Erscheinung ebenso schwer zu erklären wie die unter den Ausnahmeumständen einer Lohnsteigerung eintretende Erscheinung. Seine Beweisführung stand daher in keinerlei Zusammenhang mit dem Gegenstand, den wir behandeln. Sie war nur der Ausdruck seiner Hilflosigkeit gegenüber den Gesetzen, wodurch eine Zunahme der Nachfrage, statt eine schließliche Steigerung der Marktpreise hervorzurufen, vielmehr eine Zunahme des Angebots herbeiführt.

3. [Löhne und Geldumsatz]

Am zweiten Tag der Debatte kleidete Freund Weston seine alte Behauptung in neue Formen. Er sagte: Infolge eines allgemeinen Steigens der Geldlöhne sind mehr Zirkulationsmittel zur Zahlung desselben Arbeitslohns erforderlich. Da der Geldumlauf *fix* ist, wie sollen mit diesen fixen Zirkulationsmitteln die erhöhten Geldlöhne bezahlt werden können? Erst ergab sich die Schwierigkeit aus dem fixen Warenquantum, das dem Arbeiter trotz seines vermehrten Geldlohns zukomme; jetzt wird sie trotz des fixen Warenquantums aus dem erhöhten Geldlohn hergeleitet. Lehnt ihr sein ursprüngliches Dogma ab, so verschwinden natürlich seine dadurch verursachten Schwierigkeiten.

Indes werde ich nachweisen, daß diese Frage des Geldumlaufs durchaus nichts mit unserm Gegenstand zu tun hat.

In eurem Land ist der Mechanismus der Zahlungen viel vollkommener als in irgendeinem andern Land Europas. Dank der Größe und Konzentration des Banksystems sind viel weniger Zirkulationsmittel erforderlich zur Zirkulierung desselben Wertbetrags und zur Vollziehung derselben oder einer größeren Anzahl von Geschäften. Soweit der Arbeitslohn in Betracht kommt, gibt ihn z.B. der englische Fabrikarbeiter allwöchentlich bei dem Krämer aus, der ihn jede Woche dem Bankier zuschickt, der ihn seinerseits jede Woche wieder dem Fabrikanten zukommen läßt, der ihn wieder an seine Arbeiter zahlt usw. Vermöge dieser Einrichtung kann der Jahreslohn eines Arbeiters sage von 52 Pfd.St. mit einem einzigen Sovereign[23] bezahlt werden, der allwöchentlich denselben Zirkel beschreibt. In England ist dieser Mechanismus sogar weniger vollkommen als in Schottland, und er ist nicht an allen Orten gleich vollkommen; und daher finden wir z.B., daß in einigen Ackerbaudistrikten im Vergleich zu den Fabrikdistrikten viel mehr Zirkulationsmittel erforderlich sind, um einen viel kleineren Wertbetrag zu zirkulieren.

Wenn ihr den Kanal überquert, so werdet ihr finden, daß dort der *Geldlohn* viel niedriger ist als in England, daß er aber in Deutschland, Italien, der Schweiz und Frankreich vermittels einer *viel größeren Menge Zirkulationsmittel* zirkuliert wird. Derselbe Sovereign wird vom Bankier nicht so rasch aufgefangen oder zum industriellen Kapitalisten zurückgebracht; und daher bedarf es statt eines Sovereigns, der 52 Pfd.St. im Jahr zirkuliert, vielleicht dreier Sovereigns, um einen Jahreslohn in Höhe von 25 Pfd.St. zu zirkulieren. Vergleicht ihr somit die Länder des Kontinents mit England, so werdet ihr sofort einsehen, daß niedriger Geldlohn viel mehr Zirkulationsmittel zu seinem Umlauf erheischen kann als hoher Geldlohn und daß dies in Wirklichkeit eine rein technische Angelegenheit ist, die unserm Gegenstand gänzlich fernliegt.

Gemäß den genausten Berechnungen, die mir bekannt sind, dürfte das jährliche Einkommen der Arbeiterklasse dieses Landes auf 250 Millionen Pfd.St. zu schätzen sein. Diese gewaltige Summe wird mit ungefähr 3 Millionen Pfd.St. zirkuliert. Unterstellt, es fände eine Lohnsteigerung von 50% statt. Dann wären statt 3 Millionen Pfd.St. Zirkulationsmittel $4^1/_2$ Millionen Pfd.St. erforderlich. Da ein sehr bedeutender Teil der täglichen Ausgaben des Arbeiters mit Silber- und Kupfermünze, d.h. mit bloßen Wertzeichen, bestritten wird, deren Wertverhältnis zum Gold durch Gesetz konventionell festgestellt ist, ebenso wie das von nicht einlösbarem Papiergeld, so würde eine fünfzigprozentige Steigerung des Geldlohns im schlimmsten Fall eine zusätzliche Zirkulation von Sovereigns zum Betrag von sage einer Million erheischen. Eine Million, die jetzt in Form von Barren oder gemünztem Gold in den Kellern der Bank von England oder von Privatbanken ruht, würde in Umlauf gebracht.[24] Aber selbst die unbedeutenden Ausgaben, die aus der zusätzlichen Prägung oder dem zusätzlichen Verschleiß jener Million erwachsen, könnten und

---

[23] Sovereign – zu Marx' Zeiten eine Goldmünze im Werte von 1 Pfd. St.

[24] Bei Marx' Betrachtungen zu Geld und Geldumlauf ist zu beachten, dass zu seiner Zeit Goldstandard herrschte, d. h. die Bank von England musste Papiergeld wie auch Kupfer- und Silbermünzen jederzeit gegen Goldmünzen bzw. Goldbarren eintauschen.

würden tatsächlich gespart werden, wenn infolge zuschüssiger Nachfrage nach Zirkulationsmitteln irgendwelche Reibungen entstehen sollten. Ihr alle wißt, daß die Zirkulationsmittel dieses Landes in zwei große Abteilungen zerfallen. Eine Sorte, die in Banknoten verschiednen Nennwerts geliefert wird, dient in den Umsätzen zwischen Geschäftsleuten und bei größeren Zahlungen von Konsumenten an Geschäftsleute, während im Kleinhandel eine andre Sorte Zirkulationsmittel umläuft, das Metallgeld. Obgleich voneinander unterschieden, vertritt jede der beiden Sorten Zirkulationsmittel die Stelle der andern. So läuft Goldmünze zu einem sehr bedeutenden Betrag selbst bei größeren Zahlungen um, wo es sich bei den zu zahlenden Summen um Überschüsse unter 5 Pfd.St., aber runde Summen handelt. Würden morgen 4- oder 3- oder 2-Pfd-St.-Noten ausgegeben werden, so würden die Goldmünzen, die diese Kanäle der Zirkulation füllen, sofort aus ihnen vertrieben werden und in diejenigen Kanäle strömen, wo sie infolge der Zunahme des Geldlohns benötigt wären. So würde die zuschüssige Million, durch eine fünfzigprozentige Lohnerhöhung erheischt, geliefert werden, ohne daß ein einziger Sovereign zugesetzt zu werden brauchte. Dieselbe Wirkung könnte ohne eine einzige zusätzliche Banknote hervorgebracht werden vermittels vermehrter Zirkulation von Wechseln, wie dies in Lancashire sehr lange Zeit der Fall war.

Wenn ein allgemeines Steigen der Lohnrate – z.B. von 100%, wie Bürger Weston es bei den Landarbeiterlöhnen annahm – eine große Steigerung der Lebensmittelpreise hervorriefe und – gemäß seiner Ansicht – einen nicht beschaffbaren Betrag zuschüssiger Zirkulationsmittel erheischte, so müßte ein allgemeines *Fallen des Arbeitslohns* dieselbe Wirkung auf gleicher Stufenleiter in umgekehrter Richtung hervorbringen. Schön! Ihr alle wißt, daß die Jahre 1858 bis 1860 die prosperierendsten für die Baumwollindustrie waren und daß namentlich das Jahr 1860 in dieser Beziehung in den Annalen des Gewerbes einzig dasteht, während zu derselben Zeit auch alle andern Industriezweige eine hohe Blüte erlebten.[25] Die Löhne der Baumwollarbeiter und aller andern mit deren Geschäftszweig verknüpften Arbeiter standen 1860 höher als je zuvor. Die amerikanische Krise[26] kam, und diese gesamten Löhne wurden plötzlich ungefähr auf $^1/_4$ ihres frühern Betrags herabgesetzt. In umgekehr-

[25] Diese Einschätzung übernahm Marx aus einer im Unterhaus gehaltenen Rede des Abgeordneten William Bushfield Ferrand (1809–89). Vgl. den Parlamentsbericht The cotton famine. In: The Times (London), Nr. 24544 vom 28. April 1863, S. 8, Sp. 5, sowie MEW, Bd. 23, S. 478; NTA, S. 402.

[26] Mit der amerikanischen Krise ist die durch den amerikanischen Bürgerkrieg (1861–65) hervorgerufene Baumwollkrise gemeint. Vgl. auch MEW, Bd. 23, S. 416f. u. 456–459; NTA, S. 345 u. 382–384.

ter Richtung wäre dies eine Steigerung um 300% gewesen. Steigt der Arbeitslohn von 5 auf 20, so sagen wir, daß er um 300 Prozent[27] gestiegen sei; fällt er von 20 auf 5, so sagen wir, er sei um 75% gefallen; aber der Betrag, um den er in dem einen Fall steigt und in dem andern fällt, wäre derselbe, nämlich 15 sh. Es war dies nun ein plötzlicher, beispielloser Wechsel in der Lohnrate, der zugleich eine Arbeiterzahl in Mitleidenschaft zog, die um die Hälfte die Zahl der Landarbeiter überstieg, wenn nicht nur sämtliche direkt in der Baumwollindustrie beschäftigten, sondern auch indirekt von ihr abhängigen Arbeiter mitgerechnet werden. Fiel nun etwa der Weizenpreis? Er *stieg* von einem Jahresdurchschnitt von 47 sh. 8 d. per Quarter während der drei Jahre 1858-1860 auf einen Jahresdurchschnitt von 55 sh. 10 d. per Quarter während der drei Jahre 1861-1863. Was nun die Zirkulationsmittel angeht, so hatte die Münze 1861 8.673.232 Pfd.St. gegenüber 3.378.102 Pfd.St. im Jahre 1860 geprägt. Das heißt, 1861 war für 5.295.130 Pfd.St. mehr geprägt worden als 1860. Allerdings waren 1861 um 1.319.000 Pfd.St. weniger Banknoten im Umlauf als 1860. Zieht das ab. Bleibt für das Jahr 1861 im Vergleich mit dem Prosperitätsjahr 1860 immer noch ein Überschuß an Zirkulationsmitteln zum Betrag von 3.976.130 Pfd.St. oder ungefähr 4 Millionen Pfd. St.; aber der Goldvorrat der Bank von England hätte gleichzeitig abgenommen, wenn nicht genau, so doch annähernd im gleichen Verhältnis.[28]

Vergleicht das Jahr 1862 mit 1842. Abgesehn von der gewaltigen Zunahme in Wert und Menge der in Zirkulation gesetzten Waren betrug das zu regulären Bedingungen auf Aktien, Anleihen etc. für die Eisenbahnen in England und Wales eingezahlte Kapital 1862 allein 320 Millionen Pfd.St., eine Summe, die 1842 märchenhaft erschienen wäre. Dennoch waren die Gesamtquanta des 1862 und 1842 umlaufenden Geldes so ziemlich gleich, und überhaupt werdet ihr finden, daß angesichts einer enormen Wertsteigerung nicht nur von Waren, sondern allgemein aller Geldumsätze das umlaufende Geld die Tendenz hat, in wachsendem Maß abzunehmen. Von Freund Westons Standpunkt aus ist dies ein unlösbares Rätsel.

Wäre er etwas tiefer in die Sache eingedrungen, so hätte er gefunden, daß – ganz abgesehn vom Arbeitslohn und ihn als fix unterstellend – Wert und Masse der Waren, die zirkuliert werden sollen, und überhaupt der Betrag der Geldumsätze täglich schwanken; daß die Menge der ausgegebnen Banknoten täglich schwankt; daß der Betrag der Zahlungen,

[27] In der Handschrift (beide Male) versehentlich: 400%

[28] Die in diesem und dem nachfolgenden Absatz genannten statistischen Daten hatte Marx in dem in Anmerkung 20 genannten Notizbuch notiert.

die ohne Dazwischenkunft des Geldes mit Hilfe von Wechseln, Schecks, Buchkrediten, Verrechnungsbanken beglichen werden, täglich schwankt; daß, soweit Bargeld als Zirkulationsmittel erheischt, das Verhältnis zwischen zirkulierender Münze einerseits und andrerseits den Münzen und Barren, die in Reserve gehalten werden oder in den Kellern der Banken ruhn, täglich schwankt; daß die Menge ungemünzten Edelmetalls, das von der nationalen Zirkulation absorbiert, und die Menge, die für die internationale Zirkulation ins Ausland geschickt wird, täglich schwanken. Er hätte gefunden, daß sein Dogma von den fixen Zirkulationsmitteln ein ungeheurer Irrtum ist, unvereinbar mit der tagtäglichen Bewegung. Er würde die Gesetze untersucht haben, die es ermöglichen, daß der Geldumlauf sich Umständen anpaßt, die sich so ununterbrochen ändern, statt sein Mißverständnis betreffs der Gesetze des Geldumlaufs in ein Argument gegen eine Lohnsteigerung zu verwandeln.

4. [Angebot und Nachfrage]

Unser Freund Weston hält sich an das lateinische Sprichwort, daß »repetitio est mater studiorum«, d.h. daß die Wiederholung die Mutter des Studiums ist, und demzufolge wiederholte er sein ursprüngliches Dogma unter der neuen Form, daß die Kontraktion des Geldumlaufs, die aus einer Lohnerhöhung resultieren soll, eine Abnahme des Kapitals hervorrufen würde etc. Nachdem seine Geldumlaufsmarotte abgetan, halte ich es für ganz zwecklos, von den imaginären Folgen Notiz zu nehmen, die seiner Einbildung nach aus seinen imaginären Zirkulationsmißgeschicken entstehn. Ich will nunmehr sein *Dogma*, das immer *ein und dasselbe* ist, in wieviel verschiednen Gestalten es auch wiederholt wird, *auf seinen einfachsten theoretischen Ausdruck* reduzieren.

Die unkritische Art, in der er seinen Gegenstand behandelt hat, wird aus einer einzigen Bemerkung klar. Er spricht sich gegen eine Lohnsteigerung oder gegen hohen Arbeitslohn als Resultat einer solchen Steigerung aus. Nun frage ich ihn: Was ist hoher und was ist niedriger Arbeitslohn? Warum bedeuten z.B. 5 sh. einen niedrigen und 20 sh. einen hohen Wochenlohn? Wenn 5 verglichen mit 20 niedrig ist, so ist 20 noch niedriger verglichen mit 200. Wenn jemand, der eine Vorlesung über das Thermometer zu halten hat, damit anfinge, über hohe und niedrige Grade zu deklamieren, so würde er keinerlei Kenntnisse vermitteln. Er müßte mir zunächst einmal sagen, wie der Gefrierpunkt gefunden wird und wie der Siedepunkt, und wie diese Festpunkte durch Naturgesetze bestimmt werden, nicht durch die Laune der Verkäufer oder Hersteller von Thermometern. Mit Bezug auf Arbeitslohn und Profit hat Bürger Weston es nun nicht nur unterlassen, solche Festpunkte aus ökonomischen Gesetzen abzuleiten, er hat es nicht einmal für nötig befunden, sich danach umzusehn. Er gab sich damit zufrieden, die landläufigen Vulgärausdrücke »niedrig« und »hoch« als eindeutige Ausdrücke hinzunehmen, obgleich es in die Augen springt, daß Arbeitslöhne nur hoch oder niedrig genannt werden können, wenn man sie mit einem Standard vergleicht, woran ihre Größen zu messen wären.

Er wird nicht imstande sein, mir zu erklären, warum ein bestimmter Geldbetrag für eine bestimmte Arbeitsmenge gegeben wird. Sollte er mir antworten, »dies wurde durch das Gesetz von Angebot und Nachfrage bestimmt", so würde ich ihn zunächst einmal fragen, durch welches Gesetz denn Angebot und Nachfrage selbst reguliert werden. Und dieser Einwand würde ihn sofort außer Gefecht setzen. Die Beziehungen zwischen Angebot und Nachfrage von Arbeit erfahren fortwährend Veränderungen und mit ihnen auch die Marktpreise der Arbeit. Wenn die Nachfrage das Angebot übersteigt, so erhöht sich der Arbeitslohn; wenn das Angebot die Nachfrage übersteigt, so sinkt der Arbeitslohn, obgleich es unter diesen Umständen notwendig werden könnte, den wirklichen Stand von Nachfrage und Zufuhr durch einen Streik z.B. oder in andrer Weise zu *ermitteln*. Erkennt ihr aber Angebot und Nachfrage als das den Arbeitslohn regelnde Gesetz an, so wäre es ebenso kindisch wie zwecklos, gegen eine Lohnsteigerung zu wettern, weil eine periodische Lohnsteigerung gemäß dem obersten Gesetz, auf das ihr euch beruft, ebenso notwendig und gesetzmäßig ist wie ein periodisches Fallen des Arbeitslohns. Wenn ihr dagegen Angebot und Nachfrage *nicht* als das den Arbeitslohn regelnde Gesetz anerkennt, so frage ich nochmals, warum ein bestimmter Geldbetrag für eine bestimmte Arbeitsmenge gegeben wird?

Um aber die Sache umfassender zu betrachten: Ihr wärt sehr auf dem Holzweg, falls ihr glaubtet, daß der Wert der Arbeit oder jeder beliebigen andern Ware in letzter Instanz durch Angebot und Nachfrage festgestellt werde. Angebot und Nachfrage regeln nichts als die vorübergehenden *Fluktuationen* der Marktpreise. Sie werden euch erklären, warum der Marktpreis einer Ware über ihren *Wert* steigt oder unter ihn fällt, aber sie können nie über diesen *Wert* selbst Aufschluß geben. Unterstellt, daß Angebot und Nachfrage sich die Waage halten oder, wie die Ökonomen das nennen, einander decken. Nun, im selben Augenblick, wo diese entgegengesetzten Kräfte gleich werden, heben sie einander auf und wirken nicht mehr in der einen oder der andern Richtung. In dem Augenblick, wo Angebot und Nachfrage einander die Waage halten und daher zu wirken aufhören, fällt der *Marktpreis* einer Ware mit ihrem *wirkli-*

chen Wert, mit dem Normalpreis zusammen, um den ihre Marktpreise oszillieren. Bei Untersuchung der Natur dieses *Werts* haben wir daher mit den vorübergehenden Einwirkungen von Angebot und Nachfrage auf die Marktpreise nichts mehr zu schaffen. Das gleiche gilt vom Arbeitslohn wie von den Preisen aller andern Waren.[29]

[5. Löhne und Preise][30]

Auf ihren einfachsten theoretischen Ausdruck reduziert, lösen sich alle Argumente unsres Freundes in das einzige Dogma auf: »*Die Warenpreise werden bestimmt oder geregelt durch die Arbeitslöhne.*«

Ich könnte mich auf die praktische Beobachtung berufen, um Zeugnis abzulegen gegen diesen längst überholten und widerlegten Trugschluß. Ich könnte darauf hinweisen, daß die englischen Fabrikarbeiter, Bergleute, Schiffbauer usw., deren Arbeit relativ hoch bezahlt wird, durch die Wohlfeilheit ihres Produkts alle andern Nationen ausstechen, während z.B. den englischen Landarbeiter, dessen Arbeit relativ niedrig bezahlt wird, wegen der Teuerkeit seines Produkts fast jede andre Nation aussticht. Durch Vergleichung zwischen Artikeln ein und desselben Landes und zwischen Waren verschiedner Länder könnte ich – von einigen mehr scheinbaren als wirklichen Ausnahmen abgesehn – nachweisen, daß im Durchschnitt hochbezahlte Arbeit Waren mit niedrigem Preis und niedrig bezahlte Arbeit Waren mit hohem Preis produziert.[31] Dies wäre natürlich kein Beweis dafür, daß der hohe Preis der Arbeit in dem einen und ihr niedriger Preis in dem andern Fall die respektiven Ursachen so diametral entgegengesetzter Wirkungen sind, wohl aber wäre dies jedenfalls ein Beweis, daß die Preise der Waren nicht von den Preisen der Arbeit bestimmt werden. Indes ist es ganz überflüssig für uns, diese empirische Methode anzuwenden.

Es könnte vielleicht bestritten werden, daß Bürger Weston das Dogma aufgestellt hat: »*Die Warenpreise werden bestimmt oder geregelt durch die Arbeitslöhne.*« Er hat es in der Tat niemals ausgesprochen. Er sagte vielmehr, daß Profit und Rente ebenfalls Bestandteile der Warenpreise bilden, weil es die Warenpreise seien, woraus nicht bloß die Löhne des

---

[29] Vgl. hierzu den auf Anm. 42 folgenden Text.

[30] In der Handschrift folgt auf Punkt 4 unmittelbar Punkt 6. Seit den Erstveröffentlichungen im Jahre 1898 ist die von Marx wohl einfach vergessene Ziffer 5 hier gesetzt worden.

[31] Das Problem der Verschiedenheit der nationalen Arbeitslöhne hat Marx im 20. Kapitel analysiert; vgl. MEW, Bd. 23, S. 583–588; NTA, S. 494–498.

Arbeiters, sondern auch die Profite des Kapitalisten und die Renten des Grundeigentümers bezahlt werden müssen. Wie stellt er sich aber die Preisbildung vor? Zunächst durch den Arbeitslohn. Sodann wird ein zuschüssiger Prozentsatz zugunsten des Kapitalisten und ein weitrer zugunsten des Grundeigentümers daraufgeschlagen. Unterstellt, der Lohn für die in der Produktion einer Ware angewandte Arbeit sei 10. Wäre die Profitrate 100%, so würde der Kapitalist auf den vorgeschossenen Arbeitslohn 10 aufschlagen, und wenn die Rentrate ebenfalls 100% auf den Arbeitslohn betrüge, so würden weitere 10 aufgeschlagen, und der Gesamtpreis der Ware beliefe sich auf 30. Eine solche Bestimmung der Preise wäre aber einfach ihre Bestimmung durch den Arbeitslohn. Stiege im obigen Fall der Arbeitslohn auf 20, so der Preis der Ware auf 60 usw. Demzufolge haben alle überholten ökonomischen Schriftsteller, die dem Dogma, daß der Arbeitslohn die Preise reguliere, Anerkennung verschaffen wollten, es damit zu beweisen gesucht, daß sie Profit und Rente *als bloße prozentuale Aufschläge auf den Arbeitslohn* behandelten. Keiner von ihnen war natürlich imstande, die Grenzen dieser Prozentsätze auf irgendein ökonomisches Gesetz zu reduzieren. Sie scheinen vielmehr gedacht zu haben, die Profite würden durch Tradition, Gewohnheit, den Willen des Kapitalisten oder nach irgendeiner andern gleicherweise willkürlichen und unerklärlichen Methode festgesetzt. Wenn sie versichern, die Konkurrenz unter den Kapitalisten setze sie fest, so sagen sie gar nichts. Zweifellos ist es diese Konkurrenz, wodurch die verschiednen Profitraten in den verschiednen Geschäftszweigen ausgeglichen oder auf ein Durchschnittsniveau reduziert werden, aber nie kann sie dies Niveau selbst oder die allgemeine Profitrate bestimmen.

Was ist gemeint, wenn man sagt, daß die Warenpreise durch den Arbeitslohn bestimmt seien? Da Arbeitslohn nur ein andrer Name für den Preis der Arbeit, so ist damit gemeint, daß die Preise der Waren durch den Preis der Arbeit reguliert werden. Da »*Preis*« Tauschwert ist – und wo ich von Wert spreche, ist immer von Tauschwert die Rede[32] –, also Tausch*wert in Geld ausgedrückt*, so läuft der Satz darauf hinaus, daß »der *Wert der Waren bestimmt wird durch den Wert der Arbeit*« oder daß »*der Wert der Arbeit der allgemeine Wertmesser ist*«.

Wie aber wird dann der »*Wert der Arbeit*« selbst bestimmt? Hier kommen wir an einen toten Punkt. An einen toten Punkt natürlich nur,

---

[32] Diese Auffassung, auch noch in der Erstausgabe des Kapitals vertreten (vgl. MEGA2, Bd. II/5, S. 19), hat Marx in der 2. Auflage des Buches revidiert und die Differenz zwischen Wert und Tauschwert betont (vgl. MEW, Bd. 23, S. 74f., bzw. MEGA2, Bd. II/6, S. 92; NTA, S. 36f.).

wenn wir logisch zu folgern versuchen. Die Prediger jener Doktrin machen mit logischen Skrupeln allerdings kurzen Prozeß. Unser Freund Weston zum Beispiel. Erst erklärte er uns, daß der Arbeitslohn den Warenpreis bestimme und daß folglich mit dem Steigen des Arbeitslohns die Preise steigen müßten. Dann machte er eine Wendung, um uns weiszumachen, eine Lohnsteigerung sei zu nichts gut, weil die Warenpreise gestiegen wären und weil die Löhne in der Tat durch die Preise der Waren, worauf sie verausgabt, gemessen würden. Somit beginnen wir mit der Behauptung, daß der Wert der Arbeit den Wert der Waren bestimme, und enden mit der Behauptung, daß der Wert der Waren den Wert der Arbeit bestimme. So drehen wir uns in einem höchst fehlerhaften Kreislauf und kommen überhaupt zu keinem Schluß.

Alles in allem ist es klar, daß, wenn man den Wert einer Ware, sage von Arbeit, Korn oder jeder andern Ware, zum allgemeinen Maß und Regulator des Werts macht, man die Schwierigkeit bloß von sich abschiebt, da man einen Wert durch einen andern bestimmt, der seinerseits wieder der Bestimmung bedarf.

Auf seinen abstraktesten Ausdruck gebracht, läuft das Dogma, daß »der Arbeitslohn die Warenpreise bestimmt«, darauf hinaus, daß »Wert durch Wert bestimmt ist«, und diese Tautologie bedeutet, daß wir in Wirklichkeit überhaupt nichts über den Wert wissen. Halten wir uns an diese Prämisse, so wird alles Räsonieren über die allgemeinen Gesetze der politischen Ökonomie zu leerem Geschwätz. Es war daher das große Verdienst Ricardos, daß er in seinem 1817 veröffentlichten Werk »*On the Principles of Political Economy*« den alten landläufigen und abgedroschnen Trugschluß, wonach »der Arbeitslohn die Preise bestimmt«, von Grund aus zunichte machte,[33] einen Trugschluß, den Adam Smith und seine französischen Vorgänger[34] in den wirklich wissenschaftlichen Partien ihrer Untersuchungen aufgegeben hatten, den sie aber in den mehr exoterischen und verflachenden Kapiteln dennoch wieder aufnahmen.[35]

[33] Ricardo beginnt das 1. Kapitel seines Werks (in der 3. Auflage) mit der eindeutigen Aussage: »Der Wert einer Ware ... hängt von der relativen Arbeitsmenge ab, die zu ihrer Produktion notwendig ist, und nicht vom höheren oder geringeren Entgelt, das für diese Arbeit gezahlt wird.« Vgl. David Ricardo: On the principles of political economy, and taxation. 3. ed. London 1821, S. 1.

[34] Seine (Smith's) französischen Vorgänger waren die Physiokraten.

[35] Die sich widersprechenden Bestimmungen des Werts bei den Physiokraten und bei Smith hat Marx untersucht im zweiten Entwurf seines Werks Zur Kritik der politischen Ökonomie (Manuskript 1861–63), dessen theoriehistorischen Passagen später unter dem Titel Theorien über den Mehrwert veröffentlicht wurden; vgl. MEW, Bd. 26.1, S. 13–20 u. 40–48.

[II. Zur politischen Ökonomie der Arbeit[36]]

6. [Wert und Arbeit]

Bürger, ich bin jetzt an einen Punkt gelangt, wo ich auf die wirkliche Entwicklung der Frage eingehn muß. Ich kann nicht versprechen, daß ich dies in sehr zufriedenstellender Weise tun werde, weil ich sonst gezwungen wäre, das ganze Gebiet der politischen Ökonomie durchzunehmen. Ich kann, wie die Franzosen sagen würden, bloß »*effleurer* la question«, die Hauptpunkte berühren.

Die erste Frage, die wir stellen müssen, ist die: Was ist der *Wert* einer Ware? Wie wird er bestimmt?[37]

Auf den ersten Blick möchte es scheinen, daß der Wert einer Ware etwas ganz *Relatives* und ohne die Betrachtung der einen Ware in ihren Beziehungen zu allen andern Waren gar nicht zu Bestimmendes ist. In der Tat, wenn wir vom Wert, vom Tauschwert einer Ware sprechen, meinen wir die quantitativen Proportionen, worin sie sich mit allen andern Waren austauscht. Aber dann erhebt sich die Frage: Wie werden die Proportionen reguliert, in denen Waren sich miteinander austauschen?

Wir wissen aus Erfahrung, daß diese Proportionen unendlich mannigfaltig sind. Nehmen wir eine einzelne Ware, z.B. Weizen, so finden wir, daß ein Quarter Weizen sich in fast unzähligen Variationen von Proportionen mit den verschiedensten Waren austauscht. Indes, *da sein Wert stets derselbe bleibt*, ob in Seide, Gold oder irgendeiner andern Ware ausgedrückt, so muß er etwas von diesen *verschiednen Proportionen des Austausches* mit verschiednen Artikeln Unterschiedliches und Unabhängiges sein. Es muß möglich sein, diese mannigfachen Gleichsetzungen mit mannigfachen Waren in einer davon sehr verschiednen Form auszudrücken.

Sage ich ferner, daß ein Quarter Weizen sich in bestimmter Proportion mit Eisen austauscht oder daß der Wert eines Quarters Weizen in einer bestimmten Menge Eisen ausgedrückt wird, so sage ich, daß der Weizenwert und sein Äquivalent in Eisen *irgendeinem Dritten* gleich sind, das weder Weizen noch Eisen ist, weil ich ja unterstelle, daß beide die-

---

36 Den Terminus politische Ökonomie der Arbeit hat Marx in der Inauguraladresse der IAA verwendet; vgl. MEW, Bd. 16, S. 11. Er scheint den Inhalt des zweiten Teils seines Vortrags am besten zu charakterisieren.

37 Zu dieser Frage vgl. die Punkte 1 u. 2 des 1. Kapitels (MEW, Bd. 23, S. 49–61; NTA, S. 14–25).

selbe Größe in zwei verschiednen Gestalten ausdrücken. Jedes der beiden, der Weizen und das Eisen, muß daher unabhängig vom andern reduzierbar sein auf dies Dritte, das ihr gemeinsames Maß ist.

Ein ganz einfaches geometrisches Beispiel veranschauliche dies. Wie verfahren wir, wenn wir die Flächeninhalte von Dreiecken aller erdenklichen Form und Größe oder von Dreiecken mit Rechtecken oder andern gradlinigen Figuren vergleichen? Wir reduzieren den Flächeninhalt jedes beliebigen Dreiecks auf einen von seiner sichtbaren Form ganz verschiednen Ausdruck. Nachdem wir aus der Natur des Dreiecks gefunden, daß sein Flächeninhalt gleich ist dem halben Produkt aus seiner Grundlinie und seiner Höhe, können wir nunmehr die verschiednen Flächeninhalte aller Arten von Dreiecken und aller erdenklichen gradlinigen Figuren miteinander vergleichen, weil sie alle in eine bestimmte Anzahl von Dreiecken zerlegt werden können.

Dieselbe Verfahrungsweise muß bei den Werten der Waren stattfinden. Wir müssen imstande sein, sie alle auf einen allen gemeinsamen Ausdruck zu reduzieren und sie nur durch die Proportionen zu unterscheiden, worin sie eben jenes und zwar identische Maß enthalten.

Da die *Tauschwerte* der Waren nur *gesellschaftliche Funktionen* dieser Dinge sind und gar nichts zu tun haben mit ihren *natürlichen* Qualitäten, so fragt es sich zunächst: Was ist die gemeinsame *gesellschaftliche Substanz* aller Waren? Es ist die *Arbeit*. Um eine Ware zu produzieren, muß eine bestimmte Menge Arbeit auf sie verwendet oder in ihr aufgearbeitet werden. Dabei sage ich nicht bloß *Arbeit*, sondern *gesellschaftliche Arbeit*. Wer einen Artikel für seinen eignen unmittelbaren Gebrauch produziert, um ihn selbst zu konsumieren, schafft zwar ein *Produkt*, aber keine *Ware*. Als selbstwirtschaftender Produzent hat er nichts mit der Gesellschaft zu tun. Aber um eine *Ware* zu produzieren, muß der von ihm produzierte Artikel nicht nur irgendein *gesellschaftliches* Bedürfnis befriedigen, sondern seine Arbeit selbst muß Bestandteil und Bruchteil der von der Gesellschaft verausgabten Gesamtarbeitssumme bilden. Seine Arbeit muß unter die *Teilung der Arbeit innerhalb der Gesellschaft* subsumiert sein. Sie ist nichts ohne die andern Teilarbeiten, und es ist erheischt, daß sie für ihr Teil diese *ergänzt*.

Wenn wir *Waren als Werte* betrachten, so betrachten wir sie ausschließlich unter dem einzigen Gesichtspunkt der in ihnen *vergegenständlichten, dargestellten* oder, wenn es beliebt, *kristallisierten gesellschaftlichen Arbeit*. In dieser Hinsicht können sie sich nur *unterscheiden* durch die in ihnen repräsentierten größeren oder kleineren Arbeitsquanta, wie z.B. in einem seidnen Schnupftuch eine größere Arbeitsmenge aufgearbeitet sein mag als in einem Ziegelstein. Wie aber mißt man *Arbeitsquanta?* Nach der *Dauer der Arbeitszeit*, indem man die Arbeit nach Stunde, Tag etc. mißt. Um dieses Maß anzuwenden, reduziert man natürlich alle Arbeitsarten auf durchschnittliche oder einfache Arbeit als ihre Einheit.

Wir kommen daher zu folgendem Schluß. Eine Ware hat *Wert,* weil sie *Kristallisation gesellschaftlicher Arbeit* ist. Die *Größe* ihres Werts oder ihr *relativer* Wert hängt ab von der größeren oder geringeren Menge dieser in ihr enthaltnen gesellschaftlichen Substanz; d.h. von der zu ihrer Produktion notwendigen relativen Arbeitsmasse. Die *relativen Werte der Waren* werden daher bestimmt durch die *respektiven in ihnen aufgearbeiteten, vergegenständlichten, dargestellten Quanta* oder *Mengen von Arbeit.* Die *korrelativen* Warenquanta, die in *derselben Arbeitszeit* produziert werden können, sind *gleich.* Oder der Wert einer Ware verhält sich zum Wert einer andern Ware wie das Quantum der in der einen Ware dargestellten Arbeit zu dem Quantum der in der andern Ware dargestellten Arbeit.

Ich habe den Verdacht, daß viele von euch fragen werden: Besteht denn in der Tat ein so großer oder überhaupt irgendein Unterschied zwischen der Bestimmung der Werte der Waren durch den *Arbeitslohn* und ihrer Bestimmung durch die *relativen Arbeitsquanta,* die zu ihrer Produktion notwendig? Ihr müßt indes gewahr geworden sein, daß das *Entgelt* für die Arbeit und das *Quantum* der Arbeit ganz verschiedenartige Dinge sind. Angenommen z.B., in einem Quarter Weizen und einer Unze Gold seien *gleiche Arbeitsquanta* dargestellt. Ich greife auf das Beispiel zurück, weil *Benjamin Franklin* es in seinem ersten Essay benutzt hat, der 1729 unter dem Titel »*A Modest Inquiry into the Nature and Necessity of a Paper Currency*« veröffentlicht wurde[38] und worin er als einer der ersten der wahren Natur des Werts auf die Spur kam.[39] Schön. Wir unterstellen nun, daß ein Quarter Weizen und eine Unze Gold *gleiche Werte* oder *Äquivalente* sind, weil sie *Kristallisationen gleicher Mengen von Durchschnittsarbeit* soundso vieler jeweils in ihnen dargestellter Arbeitstage oder -wochen sind. Nehmen wir nun dadurch, daß wir die relativen Werte von Gold und Korn bestimmen, in irgendeiner Weise Bezug auf die Arbeitslöhne des Landarbeiters und des Bergarbei-

[38] In der Handschrift versehentlich: 1721 – Vgl. Benjamin Franklin: A modest enquiry into the nature and necessity of a paper-currency. Philadelphia 1729.

[39] In Zur Kritik der Politischen Ökonomie. Erstes Heft hat Marx Franklin ausführlich zitiert, und zwar nach Franklin: The works. Ed. by J. Sparks, Bd. 2, Boston 1836, S. 263 u. 265 (vgl. MEW, Bd. 13, S. 41f.). Im Kapital-Bd. I hat er sich in einer Anmerkung wesentlich kritischer (und nicht ganz korrekt) zu Franklins Wertbestimmung geäußert (vgl. MEW, Bd. 23, S. 65; NTA, S. 28).

ters? Nicht im geringsten. Wir lassen es ganz unbestimmt, *wie* ihre Tages- oder Wochenarbeit bezahlt, ja ob überhaupt Lohnarbeit angewandt worden ist. Geschah dies, so kann der Arbeitslohn sehr ungleich gewesen sein. Der Arbeiter, dessen Arbeit in dem Quarter Weizen vergegenständlicht ist, mag bloß 2 Bushel, der im Bergbau beschäftigte Arbeiter mag die eine Hälfte der Unze Gold erhalten haben.[40] Oder, ihre Arbeitslöhne als gleich unterstellt, es können diese in allen erdenklichen Proportionen abweichen von den Werten der von ihnen produzierten Waren. Sie können sich auf die Hälfte, ein Drittel, ein Viertel, ein Fünftel oder jeden andern aliquoten Teil des einen Quarters Korn oder der einen Unze Gold belaufen. Ihre *Arbeitslöhne* können natürlich die Werte der von ihnen produzierten Waren nicht *überschreiten*, nicht *größer* sein, wohl aber können sie in jedem möglichen Grad *geringer* sein. Ihre *Arbeitslöhne* werden ihre *Grenze haben* an den *Werten* der Produkte, aber die *Werte ihrer Produkte* werden nicht ihre Grenze haben an ihren Arbeitslöhnen. Was indes die Hauptsache: die Werte, die relativen Werte von Korn und Gold z.B., sind ohne jede Rücksicht auf den Wert der angewandten Arbeit, d.h. den *Arbeitslohn*, festgesetzt worden. Die Bestimmung der Werte der Waren durch die *in ihnen dargestellten relativen Arbeitsquanta* ist daher etwas durchaus Verschiedenes von der tautologischen Manier, die Werte der Waren durch den Wert der Arbeit oder den *Arbeitslohn* zu bestimmen. Dieser Punkt wird indes im Fortgang unserer Untersuchung noch näher beleuchtet werden.

Bei Berechnung des Tauschwerts einer Ware müssen wir zu dem Quantum der *zuletzt* auf sie angewandten Arbeit noch das *früher* in dem Rohstoff der Ware aufgearbeitete Arbeitsquantum hinzufügen, ferner »die Arbeit, die auf Geräte, Werkzeuge, Maschinerie und Baulichkeiten verwendet worden, die bei dieser Arbeit mitwirken".[41] Zum Beispiel ist der Wert einer bestimmten Menge Baumwollgarn die Kristallisation des Arbeitsquantums, das der Baumwolle während des Spinnprozesses zugesetzt worden, des Arbeitsquantums, das früher in der Baumwolle selbst vergegenständlicht worden, des Arbeitsquantums, vergegenständlicht in Kohle, Öl und andern verbrauchten Hilfsstoffen, des Arbeitsquantums, dargestellt in der Dampfmaschine, den Spindeln, den Fabrikgebäuden usw. Die Produktionsinstrumente im eigentlichen Sinn, wie Werkzeuge,

[40] Das Hohlmaß British quarter (290,781 l) umfasst 8 British bushel (je 36,347 l), die Unze (als Goldgewicht) 31,1 g.

[41] Die von Marx in Anführungszeichen gesetzte Passage ist (mit Ausnahme des Wortes Maschinerie) Zitat aus Ricardo: On the principles of political economy ..., S. 16. Vgl. auch das analoge Zitat in MEW, Bd. 23, S. 202; NTA, S. 152.

Maschinerie, Baulichkeiten, dienen für eine längere oder kürzere Periode immer aufs neue während wiederholter Produktionsprozesse. Würden sie auf einmal verbraucht wie der Rohstoff, so würde ihr ganzer Wert auf einmal auf die Waren übertragen, bei deren Produktion sie mitwirken. Da aber eine Spindel z.B. nur nach und nach verbraucht wird, so wird auf Grund der Durchschnittszeit, die sie dauert, und ihrer allmählichen Abnutzung oder ihres durchschnittlichen Verschleißes während einer bestimmten Periode, sage eines Tages, eine Durchschnittsberechnung angestellt. Auf diese Weise berechnen wir, wieviel vom Wert der Spindel auf das täglich gesponnene Garn übertragen wird und wieviel daher von der Gesamtmenge der z.B. in einem Pfund Garn vergegenständlichten Arbeit auf die früher in der Spindel vergegenständlichte Arbeit kommt. Für unsern gegenwärtigen Zweck ist es nicht notwendig, länger bei diesem Punkt zu verweilen.

Es könnte scheinen, daß, wenn der Wert einer Ware bestimmt ist durch das *auf ihre Produktion verwendete Arbeitsquantum*, je fauler oder ungeschickter ein Mann, desto wertvoller seine Ware, weil die Zeit desto größer, die zur Verfertigung der Ware erheischt. Dies wäre jedoch ein bedauerlicher Irrtum. Ihr werdet euch erinnern, daß ich das Wort »*gesellschaftliche* Arbeit« gebrauchte, und diese Qualifizierung »*gesellschaftlich*« schließt viele Momente in sich. Sagen wir, der Wert einer Ware werde bestimmt durch das in ihr aufgearbeitete oder kristallisierte *Arbeitsquantum,* so meinen wir *das Arbeitsquantum, notwendig* zu ihrer Produktion in einem gegebnen Gesellschaftszustand, unter bestimmten gesellschaftlichen Durchschnittsbedingungen der Produktion, mit einer gegebnen gesellschaftlichen Durchschnittsintensität und Durchschnittsgeschicklichkeit der angewandten Arbeit. Als in England der Dampfwebstuhl mit dem Handwebstuhl zu konkurrieren begann, ward nur halb soviel Arbeitszeit erforderlich wie früher, um eine gegebne Menge Garn in eine Eile Baumwollgewebe oder Tuch zu verwandeln. Der arme Handweber arbeitete jetzt 17 oder 18 Stunden täglich statt 9 oder 10 Stunden früher. Aber das Produkt seiner zwanzigstündigen Arbeit repräsentierte jetzt nur noch 10 Stunden gesellschaftliche Arbeit oder 10 Stunden Arbeit, gesellschaftlich notwendig, um eine bestimmte Menge Garn in Textilstoffe zu verwandeln. Das Produkt seiner 20 Stunden hatte daher nicht mehr Wert als das Produkt seiner frühern 10 Stunden.

Wenn nun das Quantum der in den Waren vergegenständlichten gesellschaftlich notwendigen Arbeit ihre Tauschwerte reguliert, so muß jede Zunahme des zur Produktion einer Ware erforderlichen Arbeitsquantums ebenso ihren Wert vergrößern, wie jede Abnahme ihn vermindern muß.

Blieben die zur Produktion der respektiven Waren notwendigen respektiven Arbeitsquanta konstant, so wären ihre relativen Werte ebenfalls konstant. Dies ist jedoch nicht der Fall. Das zur Produktion einer Ware notwendige Arbeitsquantum wechselt ständig mit dem Wechsel in der Produktivkraft der angewandten Arbeit. Je größer die Produktivkraft der Arbeit, desto mehr Produkt wird in gegebner Arbeitszeit verfertigt, und je geringer die Produktivkraft der Arbeit, desto weniger. Ergibt sich z.B. durch das Wachstum der Bevölkerung die Notwendigkeit, minder fruchtbaren Boden in Bebauung zu nehmen, so könnte dieselbe Menge Produkt nur erzielt werden, wenn eine größere Menge Arbeit verausgabt würde, und der Wert des landwirtschaftlichen Produkts würde folglich steigen. Andrerseits, wenn ein einzelner Spinner mit modernen Produktionsmitteln in einem Arbeitstag eine vieltausendmal größere Menge Baumwolle in Garn verwandelt, als er in derselben Zeit mit dem Spinnrad hätte verspinnen können, so ist es klar, daß jedes einzelne Pfund Baumwolle vieltausendmal weniger Spinnarbeit aufsaugen wird als vorher und folglich der durch das Spinnen jedem einzelnen Pfund Baumwolle zugesetzte Wert tausendmal kleiner sein wird als vorher. Der Wert des Garns wird entsprechend sinken.

Abgesehn von den Unterschieden in den natürlichen Energien und den erworbnen Arbeitsgeschicken verschiedner Völker muß die Produktivkraft der Arbeit in der Hauptsache abhängen:

1. von den *Natur*bedingungen der Arbeit, wie Fruchtbarkeit des Bodens, Ergiebigkeit der Minen usw.

2. von der fortschreitenden Vervollkommnung der *gesellschaftlichen Kräfte der Arbeit*, wie sie sich herleiten aus Produktion auf großer Stufenleiter, Konzentration des Kapitals und Kombination der Arbeit, Teilung der Arbeit, Maschinerie, verbesserten Methoden, Anwendung chemischer und andrer natürlicher Kräfte, Zusammendrängung von Zeit und Raum durch Kommunikations- und Transportmittel und aus jeder andern Einrichtung, wodurch die Wissenschaft Naturkräfte in den Dienst der Arbeit zwingt und wodurch der gesellschaftliche oder kooperierte Charakter der Arbeit zur Entwicklung gelangt. Je größer die Produktivkraft der Arbeit, desto kleiner die auf eine gegebne Menge Produkt verwendete Arbeit; desto kleiner also der Wert des Produkts. Je geringer die Produktivkraft der Arbeit, desto größer die auf dieselbe Menge Produkt verwendete Arbeit; desto größer also sein Wert. Als allgemeines Gesetz können wir daher aufstellen:

Die Werte der Waren sind direkt proportional den auf ihre Produktion angewandten Arbeitszeiten und umgekehrt proportional der Produktivkraft der angewandten Arbeit.

Nachdem ich bis jetzt nur vom *Wert* gesprochen, werde ich noch einige Worte hinzufügen über den *Preis*, der eine eigentümliche Form ist, die der Wert annimmt.[42]

Preis ist an sich nichts als der *Geldausdruck des Werts*. Hierzulande z.B. werden die Werte aller Waren in Goldpreisen, auf dem Kontinent dagegen hauptsächlich in Silberpreisen ausgedrückt. Der Wert von Gold oder Silber wie der aller andern Waren wird reguliert von dem zu ihrer Erlangung notwendigen Arbeitsquantum. Eine bestimmte Menge eurer einheimischen Produkte, worin ein bestimmter Betrag eurer nationalen Arbeit kristallisiert ist, tauscht ihr aus gegen das Produkt der Gold und Silber produzierenden Länder, in welchem ein bestimmtes Quantum *ihrer* Arbeit kristallisiert ist. Es ist in dieser Weise, faktisch durch Tauschhandel, daß ihr lernt, die Werte aller Waren, d.h. die respektiven auf sie verwendeten Arbeitsquanta, in Gold und Silber auszudrücken. *Den Geldausdruck des Werts* etwas näher betrachtet, oder, was dasselbe, *die Verwandlung des Werts in Preis*, werdet ihr finden, daß dies ein Verfahren ist, wodurch ihr den *Werten* aller Waren eine *unabhängige* und *homogene Form* verleiht oder sie als *Quanta gleicher* gesellschaftlicher Arbeit ausdrückt. Soweit der Preis nichts ist als der Geldausdruck des Werts, hat ihn Adam Smith den »*natürlichen Preis*«,[43] haben ihn die französischen Physiokraten den »*notwendigen Preis*«[44] genannt. Welche Beziehung besteht nun zwischen *Werten* und *Marktpreisen* oder zwischen *natürlichen Preisen* und *Marktpreisen?* Ihr alle wißt, daß der *Marktpreis* für alle Waren derselben Art *derselbe* ist, wie verschieden immer die Bedingungen der Produktion für die einzelnen Produzenten sein mögen. Die Marktpreise drücken nur die unter den Durchschnittsbedingungen der Produktion für die Versorgung des Markts mit einer bestimmten Masse eines bestimmten Artikels notwendige *Durchschnittsmenge gesellschaftlicher Arbeit* aus. Er wird aus der Gesamtheit aller Waren einer bestimmten Gattung errechnet.

---

[42] Zu dieser Frage vgl. den Punkt 3 des 1. Kapitels (MEW, Bd. 23, S. 62–85; NTA, S. 25–46).

[43] Vgl. Adam Smith: An inquiry into the nature and causes of the wealth of nations. With a Memoir of the Author's Life. Complete in One Volume. Aberdeen, London 1848, S. 50.

[44] In der Handschrift der französische Terminus: »prix nécessaire«. – Vgl. z.B. den Nachdruck der Aufsätze von Guillaume François Le Trosne (De l'interêt social par rapport à la valeur, à la circulation, à l'industrie et au commerce intérieur et extérieur) und Paul Pierre Mercier de la Rivière (L'ordre naturel et essentiel des sociétés politiques) in dem Sammelband Physiocrates. Quesnay, Dupont de Nemours, Mercier de la Rivière, L'Abbé Baudeau, Le Trosne. Ed. E. Daire. Bd. 2, Paris 1846, S. 953 bzw. 582–604 (passim).

Soweit fällt der *Marktpreis* einer Ware mit ihrem *Wert* zusammen. Andrerseits hängen die Schwankungen der Marktpreise bald über, bald unter den Wert oder natürlichen Preis ab von den Fluktuationen des Angebots und der Nachfrage. Abweichungen der Marktpreise von den Werten erfolgen also ständig, aber, sagt *Adam Smith*:

»Der natürliche Preis ist also gewissermaßen das Zentrum, zu dem die Preise aller Waren beständig gravitieren. Verschiedene Zufälle können sie mitunter hoch darüber erheben und manchmal darunter herabdrücken. Welches aber immer die Umstände sein mögen, die sie hindern, in diesem Zentrum der Ruhe und Beharrung zum Stillstand zu kommen, sie streben ihm beständig zu.«[45]

Ich kann jetzt nicht näher auf diesen Punkt eingehn. Es genügt zu sagen, daß, *wenn* Angebot und Nachfrage einander die Waage halten, die Marktpreise der Waren ihren natürlichen Preisen entsprechen werden, d.h. ihren durch die respektiven zu ihrer Produktion erheischten Arbeitsquanta bestimmten Werten. Aber Angebot und Nachfrage *müssen* einander ständig auszugleichen streben, obgleich dies nur dadurch geschieht, daß eine Fluktuation durch eine andre, eine Zunahme durch eine Abnahme aufgehoben wird und umgekehrt. Wenn ihr, statt nur die täglichen Fluktuationen zu betrachten, die Bewegung der Marktpreise für längere Perioden analysiert, wie dies z.B. Tooke in seiner »*History of Prices*«[46] getan, so werdet ihr finden, daß die Fluktuationen der Marktpreise, ihre Abweichungen von den Werten, ihre Auf- und Abbewegungen einander ausgleichen und aufheben, so daß, abgesehn von der Wirkung von Monopolen und einigen andern Modifikationen, die ich hier übergehn muß, alle Gattungen von Waren im Durchschnitt zu ihren respektiven *Werten* oder natürlichen Preisen verkauft werden. Die Durchschnittsperioden, während welcher die Fluktuationen der Marktpreise einander aufheben, sind für verschiedne Warensorten verschieden, weil es mit der einen Sorte leichter gelingt als mit der andern, das Angebot der Nachfrage anzupassen.

Wenn nun, allgemeiner gesprochen und mit Einschluß etwas längerer Perioden, alle Gattungen von Waren zu ihren respektiven Werten verkauft werden, so ist es Unsinn zu unterstellen, daß die ständigen und in verschiednen Geschäftszweigen üblichen Profite – nicht etwa der Profit in einzelnen Fällen – aus einem Aufschlag auf die Preise der Waren

---

[45] Vgl. Smith: An inquiry ..., S. 47. – Zur Wirkung von Angebot und Nachfrage, darunter auch auf das Verhältnis von Wert und Preis vgl. zudem MEW, Bd. 23, S. 172–175 u. 658–670; NTA, S. 126–128 u. 564–578.

[46] Vgl. Anm. 12.

entspringen oder daraus, daß sie zu einem Preis weit über ihrem *Wert* verkauft werden.[47] Die Absurdität dieser Vorstellung springt in die Augen, sobald sie verallgemeinert wird. Was einer als Verkäufer ständig gewönne, würde er als Käufer ebenso ständig verlieren. Es würde zu nichts führen, wollte man sagen, daß es Menschen gibt, die Käufer sind, ohne Verkäufer zu sein, oder Konsumenten, ohne Produzenten zu sein. Was diese Leute den Produzenten zahlen, müssen sie zunächst umsonst von ihnen erhalten. Wenn einer erst euer Geld nimmt und es dann dadurch zurückgibt, daß er eure Waren kauft, so werdet ihr euch nie dadurch bereichern, daß ihr eure Waren diesem selben Mann zu teuer verkauft. Ein derartiger Umsatz könnte einen Verlust verringern, würde aber niemals dazu verhelfen, einen Gewinn zu realisieren.

Um daher die *allgemeine Natur des Profits* zu erklären, müßt ihr von dem Grundsatz ausgehn, daß im Durchschnitt Waren *zu ihren wirklichen Werten verkauft* werden und daß *Profite sich herleiten aus dem Verkauf der Waren zu ihren Werten*, d.h. im Verhältnis zu dem in ihnen vergegenständlichten Arbeitsquantum. Könnt ihr den Profit nicht unter dieser Voraussetzung erklären, so könnt ihr ihn überhaupt nicht erklären. Dies scheint paradox und der alltäglichen Beobachtung widersprechend. Es ist ebenso paradox, daß die Erde um die Sonne kreist und daß Wasser aus zwei äußerst leicht entflammenden Gasen besteht. Wissenschaftliche Wahrheit ist immer paradox vom Standpunkt der alltäglichen Erfahrung, die nur den täuschenden Schein der Dinge wahrnimmt.

7. Die Arbeitskraft

Nachdem wir nun, soweit es in so flüchtiger Weise möglich war, die Natur des *Werts*, des *Werts jeder beliebigen Ware* analysiert haben, müssen wir unsre Aufmerksamkeit dem spezifischen *Wert der Arbeit* zuwenden. Und hier muß ich euch wieder mit einem scheinbaren Paradoxon überraschen. Ihr alle seid fest überzeugt, daß, was ihr täglich verkauft, eure Arbeit sei; daß daher die Arbeit einen Preis habe und daß, da der Preis einer Ware bloß der Geldausdruck ihres Werts, es sicherlich so etwas wie den *Wert der Arbeit* geben müsse. Indes existiert nichts von der Art, was im gewöhnlichen Sinn das Wortes *Wert der Arbeit* genannt wird. Wir haben gesehn, daß die in einer Ware kristallisierte Menge notwendiger Arbeit ihren Wert konstituiert. Wie können wir nun, indem wir diesen

[47] Zu dieser Frage vgl. Punkt 2 des 4. Kapitels (MEW, Bd. 23, S. 174–178; NTA, S. 124–133).

Wertbegriff anwenden, sage den Wert eines zehnstündigen Arbeitstags bestimmen? Wieviel Arbeit enthält dieser Arbeitstag? Zehnstündige Arbeit. Vom Wert eines zehnstündigen Arbeitstags aussagen, er zehnstündiger Arbeit oder dem darin enthaltnen Arbeitsquantum gleich sei, wäre ein tautologischer und überdies unsinniger Ausdruck. Nachdem wir einmal den richtigen, aber versteckten Sinn des Ausdrucks *»Wert der Arbeit«* gefunden, werden wir natürlich imstande sein, diese irrationale und anscheinend unmögliche Anwendung des Begriffs Wert richtig zu deuten,[48] ebenso wie wir imstande sein werden, die scheinbare oder bloß phänomenale Bewegung der Himmelskörper zu erkennen, nachdem wir einmal ihre wirkliche Bewegung erkannt.

Was der Arbeiter verkauft, ist nicht direkt seine *Arbeit*, sondern seine *Arbeitskraft*, über die er dem Kapitalisten vorübergehend die Verfügung überläßt. Dies ist so sehr der Fall, daß – ich weiß nicht, ob durch englisches Gesetz, jedenfalls aber durch einige Gesetze auf dem Kontinent – die *maximale Zeitdauer*, wofür ein Mann seine Arbeitskraft verkaufen darf, festgestellt ist. Wäre es ihm erlaubt, das für jeden beliebigen Zeitraum zu tun, so wäre ohne weiteres die Sklaverei wiederhergestellt. Wenn solch ein Verkauf sich z.B. auf seine ganze Lebensdauer erstreckte, so würde er dadurch auf einen Schlag zum lebenslänglichen Sklaven seines Lohnherrn gemacht.

Einer der ältesten Ökonomen und originellsten Philosophen Englands – *Thomas Hobbes* – hat in seinem *»Leviathan«* schon vorahnend auf diesen von allen seinen Nachfolgern übersehenen Punkt hingewiesen. Er sagt: *»Der Tauschwert* (*value*) oder *Gebrauchswert* (*worth*) *eines Menschen* ist wie der aller anderen Dinge sein *Preis*: das heißt soviel, als für die *Benutzung seiner Kraft* gegeben würde.«[49]

Von dieser Basis ausgehend, werden wir imstande sein, den *Wert der Arbeit* wie den aller andern Waren zu bestimmen.

Bevor wir jedoch dies tun, könnten wir fragen, woher die sonderbare Erscheinung kommt, daß wir auf dem Markt eine Gruppe Käufer finden, die Besitzer von Boden, Maschinerie, Rohstoff und Lebensmitteln sind, die alle, abgesehn von Boden in seinem rohen Zustand, *Produkte der Arbeit* sind, und auf der andern Seite eine Gruppe Verkäufer, die nichts

---

[48] Zu dieser Irrationalität vgl. insbes. das 17. Kapitel (MEW, Bd. 23, S. 557–564; NTA, S. 468–470).

[49] Thomas Hobbes: Leviathan: or, the matter, form, and power of a commonwealth, ecclesiastical and civil. In: The English works. Ed. by Sir W. Molesworth. Bd. 3, London 1839, S. 76 (auch zitiert in MEW, Bd. 23, S. 184; NTA, S. 137). – Zur Differenz von value und worth bei den englischen Schriftstellern des 17. Jahrhunderts vgl. auch MEW, Bd. 23, S. 50 Anm. 4; NTA, S.15.

zu verkaufen haben außer ihre Arbeitskraft, ihre werktätigen Arme und Hirne. Daß die eine Gruppe ständig kauft, um Profit zu machen und sich zu bereichern, während die andre ständig verkauft, um ihren Lebensunterhalt zu verdienen? Die Untersuchung dieser Frage wäre eine Untersuchung über das, was die Ökonomen *»Vorgängige oder ursprüngliche Akkumulation«* nennen, was aber *ursprüngliche Expropriation* genannt werden sollte.[50] Wir würden finden, daß diese sogenannte *ursprüngliche Akkumulation* nichts andres bedeutet als eine Reihe historischer Prozesse, die in einer *Auflösung* der *ursprünglichen Einheit* zwischen dem Arbeitenden und seinen Arbeitsmitteln resultieren. Solch eine Untersuchung fällt jedoch außerhalb des Rahmens meines jetzigen Themas. Sobald einmal die *Trennung* zwischen dem Mann der Arbeit und den Mitteln der Arbeit vollzogen, wird sich dieser Zustand erhalten und auf ständig wachsender Stufenleiter reproduzieren, bis eine neue und gründliche Umwälzung der Produktionsweise ihn wieder umstürzt und die ursprüngliche Einheit in neuer historischer Form wiederherstellt.[51]

Was ist nun also der *Wert der Arbeitskraft*?[52]

Wie der jeder andern Ware ist der Wert bestimmt durch das zu ihrer Produktion notwendige Arbeitsquantum. Die Arbeitskraft eines Menschen existiert nur in seiner lebendigen Leiblichkeit. Eine gewisse Menge Lebensmittel muß ein Mensch konsumieren, um aufzuwachsen und sich am Leben zu erhalten. Der Mensch unterliegt jedoch, wie die Maschine, der Abnutzung und muß durch einen andern Menschen ersetzt werden. Außer der zu *seiner eignen* Erhaltung erheischten Lebensmittel bedarf er einer andern Lebensmittelmenge, um eine gewisse Zahl Kinder aufzuziehn, die ihn auf dem Arbeitsmarkt zu ersetzen und das Geschlecht der Arbeiter zu verewigen haben. Mehr noch, um seine Arbeitskraft zu entwickeln und ein gegebnes Geschick zu erwerben, muß eine weitere Menge von Werten verausgabt werden. Für unsern Zweck genügt es, nur *Durchschnitts*arbeit in Betracht zu ziehn, deren Erziehungs- und Ausbildungskosten verschwindend geringe Größen sind. Dennoch muß ich diese Gelegenheit zu der Feststellung benutzen, daß, genauso wie die Produktionskosten für Arbeitskräfte verschiedner Qualität nun ein-

---

[50] Der Idee, dass die ursprüngliche Akkumulation viel treffender ursprüngliche Expropriation (Enteignung) genannt werden sollte, ist Marx in Kapital-Band I nicht gefolgt. Zu seiner Darstellung dort (im 24. Kapitel) vgl. MEW, Bd. 23, S. 741–791; NTA, S. 643–695.

[51] Vgl. hierzu insbes. den Punkt 7 des 24. Kapitels (MEW, Bd. 23, S. 789–791; NTA, S. 692–695).

[52] Vgl. vor allem im Punkt 3 des 4. Kapitels MEW, Bd. 23, S. 184–189; NTA, S. 136–141.

mal verschieden sind, auch die Werte der in verschiednen Geschäftszweigen beschäftigten Arbeitskräfte verschieden sein müssen. Der Ruf nach *Gleichheit der Löhne* beruht daher auf einem Irrtum, ist ein unerfüllbarer *törichter* Wunsch. Er ist die Frucht jenes falschen und platten Radikalismus, der die Voraussetzungen annimmt, die Schlußfolgerungen aber umgehn möchte. Auf Basis des Lohnsystems wird der Wert der Arbeitskraft in derselben Weise festgesetzt wie der jeder andern Ware; und da verschiedne Arten Arbeitskraft verschiedne Werte haben oder verschiedne Arbeitsquanta zu ihrer Produktion erheischen, so *müssen* sie auf dem Arbeitsmarkt verschiedne Preise erzielen. Nach *gleicher oder gar gerechter Entlohnung*[53] auf Basis des Lohnsystems rufen, ist dasselbe, wie auf Basis des Systems der Sklaverei nach *Freiheit* zu rufen. Was ihr für recht oder gerecht erachtet, steht nicht in Frage. Die Frage ist: Was ist bei einem gegebnen Produktionssystem notwendig und unvermeidlich?

Nach dem Dargelegten dürfte es klar sein, daß der *Wert der Arbeitskraft* bestimmt ist durch den *Wert der Lebensmittel*, die zur Produktion, Entwicklung, Erhaltung und Verewigung der Arbeitskraft erheischt sind.

8. Die Produktion des Mehrwerts[54]

Unterstellt nun, daß die Produktion der Durchschnittsmenge täglicher Lebensmittel für einen Arbeitenden 6 *Stunden Durchschnittsarbeit* erheischt. Unterstellt überdies auch, 6 Stunden Durchschnittsarbeit seien in einem Goldquantum gleich 3 sh. vergegenständlicht. Dann wären 3 sh. der *Preis* oder Geldausdruck des *Tageswerts* der *Arbeitskraft* jenes Mannes. Arbeitete er täglich 6 Stunden, so würde er täglich einen Wert produzieren, der ausreicht, um die Durchschnittsmenge seiner täglichen Lebensmittel zu kaufen oder sich selbst als Arbeitenden am Leben zu erhalten.

Aber unser Mann ist ein Lohnarbeiter. Er muß daher seine Arbeitskraft einem Kapitalisten verkaufen. Verkauft er sie zu 3 sh. per Tag oder 18 sh. die Woche, so verkauft er sie zu ihrem Wert. Unterstellt, er sei ein Spinner. Wenn er 6 Stunden täglich arbeitet, wird er der Baumwolle einen Wert von 3 sh. täglich zusetzen. Dieser von ihm täglich zugesetzte Wert wäre exakt ein Äquivalent für den Arbeitslohn oder Preis seiner Arbeitskraft, den er täglich empfängt. Aber in diesem Fall käme dem Ka-

[53] gerechte Entlohnung – vgl. dazu weiter unten Anm. 88.

[54] Diese einführende Darstellung ist auch im 5. Kapitel enthalten (vgl. MEW, Bd. 23, S. 199–210; NTA, S. 149–160).

pitalisten *keinerlei Mehrwert* oder *Mehrprodukt* zu. Hier kommen wir also an den springenden Punkt.

Durch Kauf der Arbeitskraft des Arbeiters und Bezahlung ihres Werts hat der Kapitalist, wie jeder andre Käufer, das Recht erworben, die gekaufte Ware zu konsumieren oder zu nutzen. Man konsumiert oder nutzt die Arbeitskraft eines Mannes, indem man ihn arbeiten läßt, wie man eine Maschine konsumiert oder nutzt, indem man sie laufen läßt. Durch Bezahlung des Tages- oder Wochenwerts der Arbeitskraft des Arbeiters hat der Kapitalist daher das Recht erworben, diese Arbeitskraft während *des ganzen Tags oder der ganzen Woche* zu nutzen oder arbeiten zu lassen. Der Arbeitstag oder die Arbeitswoche hat natürlich bestimmte Grenzen, die wir aber erst später betrachten werden.

Für den Augenblick möchte ich eure Aufmerksamkeit auf einen entscheidenden Punkt lenken.

Der *Wert* der Arbeitskraft ist bestimmt durch das zu ihrer Erhaltung oder Reproduktion notwendige Arbeitsquantum, aber die *Nutzung* dieser Arbeitskraft ist nur begrenzt durch die aktiven Energien und die Körperkraft des Arbeiters. Der Tages- oder Wochenwert der Arbeitskraft ist durchaus verschieden von der täglichen oder wöchentlichen *Betätigung* dieser Kraft, genauso wie das Futter, dessen ein Pferd bedarf, durchaus verschieden ist von der Zeit, die es den Reiter tragen kann. Das Arbeitsquantum, wo durch der *Wert* der Arbeitskraft des Arbeiters begrenzt ist, bildet keineswegs eine Grenze für das Arbeitsquantum, das seine Arbeitskraft zu verrichten vermag. Nehmen wir das Beispiel unsres Spinners. Wir haben gesehn, daß er, um seine Arbeitskraft täglich zu reproduzieren, täglich einen Wert von 3 sh. reproduzieren muß, was er dadurch tut, daß er täglich 6 Stunden arbeitet. Dies hindert ihn jedoch nicht, 10 oder 12 oder mehr Stunden am Tag arbeiten zu können. Durch die Bezahlung des Tages- oder Wochen*werts* der Arbeitskraft des Spinners hat nun aber der Kapitalist das Recht erworben, diese Arbeitskraft während *des ganzen Tags oder der ganzen Woche* zu nutzen. Er wird ihn daher zwingen, sage 12 Stunden täglich zu arbeiten. *Über* die zum Ersatz seines Arbeitslohns oder des Werts seiner Arbeitskraft erheischten 6 Stunden *hinaus* wird er daher noch *6 Stunden* zu arbeiten haben, die ich Stunden der *Mehrarbeit* nennen will, welche Mehrarbeit sich vergegenständlichen wird in einem *Mehrwert* und einem *Mehrprodukt*. Wenn unser Spinner z.B. durch seine täglich sechsstündige Arbeit der Baumwolle einen Wert von 3 sh. zusetzt, einen Wert, der exakt ein Äquivalent für seinen Arbeitslohn bildet, so wird er der Baumwolle in 12 Stunden einen Wert von 6 sh. zusetzen und *ein entsprechendes Mehr an Garn* produzieren. Da er seine Arbeitskraft dem Kapitalisten verkauft hat, so gehört der ganze von ihm geschaffne Wert oder sein ganzes Produkt dem Kapitalisten, dem zeitweiligen Eigentümer seiner Arbeitskraft. Indem der Kapitalist 3 sh. vorschießt, realisiert er also einen Wert von 6 sh., weil ihm für den von ihm vorgeschossenen Wert, worin 6 Arbeitsstunden kristallisiert sind, ein Wert zurückerstattet wird, worin 12 Arbeitsstunden kristallisiert sind. Durch tägliche Wiederholung desselben Prozesses wird der Kapitalist täglich 3 sh. vorschießen und täglich 6 sh. einstecken, wovon eine Hälfte wieder auf Zahlung des Arbeitslohns geht und die andre Hälfte den *Mehrwert* bildet, für den der Kapitalist kein Äquivalent zahlt. Es ist *diese Art Austausch zwischen Kapital und Arbeit*, worauf die kapitalistische Produktionsweise oder das Lohnsystem beruht und die ständig in der Reproduktion des Arbeiters als Arbeiter und des Kapitalisten als Kapitalist resultieren muß.

Die Rate des Mehrwerts[55] wird, wenn alle andern Umstände gleichbleiben, abhängen von der Proportion zwischen dem zur Reproduktion des Werts der Arbeitskraft notwendigen Teil des Arbeitstags und der für den Kapitalisten verrichteten *Mehrarbeitszeit* oder *Mehrarbeit*. Sie wird daher abhängen von dem *Verhältnis, worin der Arbeitstag über die Zeitspanne hinaus verlängert ist*, in der der Arbeiter durch seine Arbeit nur den Wert seiner Arbeitskraft reproduzieren oder seinen Arbeitslohn ersetzen würde.

9. Der Wert der Arbeit

Wir müssen nun zurückkommen auf den Ausdruck »*Wert oder Preis der Arbeit*«.

Wir haben gesehn, daß er in der Tat nichts ist als die Bezeichnung für den Wert der Arbeitskraft, gemessen an den zu ihrer Erhaltung notwendigen Warenwerten. Da der Arbeiter aber seinen Arbeitslohn erst *nach* Verrichtung der Arbeit erhält und außerdem weiß, daß, was er dem Kapitalisten tatsächlich gibt, seine Arbeit ist, so erscheint ihm der Wert oder Preis seiner Arbeitskraft notwendigerweise als *Preis* oder *Wert seiner Arbeit selbst*. Ist der Preis seiner Arbeitskraft gleich 3 sh., worin 6 Arbeitsstunden vergegenständlicht, und arbeitet er 12 Stunden, so betrachtet er diese 3 sh. notwendigerweise als den Wert oder Preis von 12 Arbeitsstunden, obgleich diese 12 Arbeitsstunden sich in einem Wert von 6 sh. vergegenständlichen. Hieraus folgt zweierlei:

---

[55] Die Rate des Mehrwerts (Mehrwertrate) ist speziell Gegenstand von Punkt 1 des 7. Kapitels (vgl. MEW, Bd. 23, S. 226–234; NTA, S. 171–179).

Erstens. Der Wert oder Preis der Arbeitskraft nimmt das Aussehn des *Preises oder Werts der Arbeit selbst* an, obgleich, genau gesprochen, Wert und Preis der Arbeit sinnlose Bezeichnungen sind.

Zweitens. Obgleich nur ein Teil des Tagewerks des Arbeiters aus *bezahlter*, der andre dagegen aus *unbezahlter* Arbeit besteht und gerade diese unbezahlte oder Mehrarbeit den Fonds konstituiert, woraus der *Mehrwert* oder *Profit* sich bildet, hat es den Anschein, als ob die ganze Arbeit aus bezahlter Arbeit bestünde.

Dieser täuschende Schein ist das unterscheidende Merkmal der *Lohnarbeit* gegenüber andern *historischen* Formen der Arbeit.[56] Auf Basis des Lohnsystems erscheint auch die *unbezahlte* Arbeit als *bezahlt*. Beim *Sklaven* umgekehrt erscheint auch der bezahlte Teil seiner Arbeit als unbezahlt.

Natürlich muß der Sklave, um zu arbeiten, leben, und ein Teil seines Arbeitstags geht drauf auf Ersatz des zu seiner eignen Erhaltung verbrauchten Werts. Da aber zwischen ihm und seinem Herrn kein Handel abgeschlossen wird und zwischen beiden Parteien keine Verkaufs- und Kaufakte vor sich gehn, so erscheint alle seine Arbeit als Gratisarbeit.

Nehmt andrerseits den Fronbauern, wie er noch gestern, möchte ich sagen, im ganzen Osten Europas existierte. Dieser Bauer arbeitete z.B. 3 Tage für sich auf seinem eignen oder dem ihm zugewiesnen Felde, und die drei folgenden Tage verrichtete er zwangsweise Gratisarbeit auf dem herrschaftlichen Gut. Hier waren also der bezahlte und der unbezahlte Teil der Arbeit sichtbar getrennt, zeitlich und räumlich getrennt; und unsre Liberalen schäumten über vor moralischer Entrüstung angesichts der widersinnigen Idee, einen Menschen umsonst arbeiten zu lassen.

Faktisch jedoch bleibt es sich gleich, ob einer 3 Tage in der Woche für sich auf seinem eignen Felde und 3 Tage umsonst auf dem herrschaftlichen Gut, oder ob er 6 Stunden täglich in der Fabrik oder Werkstatt für sich und 6 Stunden für den Lohnherrn arbeitet, obgleich in letzterem Fall der bezahlte und der unbezahlte Teil seiner Arbeit unentwirrbar miteinander vermengt sind, so daß die Natur der ganzen Transaktion durch die *Dazwischenkunft eines Kontrakts* und die am Ende der Woche erfolgende *Zahlung* völlig verschleiert wird. Die Gratisarbeit erscheint in dem einen Fall als freiwillige Gabe und in dem andern als Frondienst. Das ist der ganze Unterschied.

Wo ich also das Wort »*Wert* der *Arbeit*« gebrauche, werde ich es nur als landläufigen Vulgärausdruck für »*Wert der Arbeitskraft*« gebrauchen.

---

[56] Zu diesem Vergleich vgl. Punkt 2 des 8. Kapitels (MEW, Bd. 23, S. 249–258; NTA, S. 191–199).

10. Profit wird gemacht durch Verkauf einer Ware zu ihrem Wert

Unterstellt, eine Durchschnittsarbeitsstunde sei vergegenständlicht in einem Wert gleich 6 d. oder 12 Durchschnittsarbeitsstunden in 6 sh. Unterstellt ferner, der Wert der Arbeit sei 3 sh. oder das Produkt sechsstündiger Arbeit. Wenn nun in Rohstoff, Maschinerie usw., die bei der Produktion einer Ware aufgebraucht wurden, 24 Durchschnittsarbeitsstunden vergegenständlicht wären, so wurde sich ihr Wert auf 12 sh. belaufen. Setze darüber hinaus der vom Kapitalisten beschäftigte Arbeiter diesen Produktionsmitteln 12 Arbeitsstunden zu, so wären diese 12 Stunden vergegenständlicht in einem zusätzlichen Wert von 6 sh. Der *Gesamtwert des Produkts* beliefe sich daher auf 36 Stunden vergegenständlichter Arbeit und wäre gleich 18 sh. Da aber der Wert der Arbeit oder der dem Arbeiter bezahlte Arbeitslohn nur 3 sh. betrüge, so würde der Kapitalist für die von dem Arbeiter geleisteten, in dem Wert der Ware vergegenständlichten 6 Stunden Mehrarbeit kein Äquivalent gezahlt haben. Verkaufte der Kapitalist diese Ware zu ihrem Wert von 18 sh., so würde er daher einen Wert von 3 sh. realisieren, für den er kein Äquivalent gezahlt hat. Diese 3 sh. würden den Mehrwert oder Profit konstituieren, den er einsteckt. Der Kapitalist würde folglich den Profit von 3 sh. nicht dadurch realisieren, daß er die Ware zu einem Preis *über* ihrem Wert, sondern dadurch, daß er sie zu *ihrem wirklichen Wert* verkauft.

Der Wert einer Ware ist bestimmt durch das in ihr enthaltne *Gesamtarbeitsquantum*. Aber ein Teil dieses Arbeitsquantums ist in einem Wert vergegenständlicht, wofür in Form des Arbeitslohns ein Äquivalent bezahlt, ein Teil jedoch in einem Wert, wofür *kein* Äquivalent bezahlt worden ist. Ein Teil der in der Ware enthaltnen Arbeit ist *bezahlte* Arbeit; ein Teil ist *unbezahlte* Arbeit. Verkauft daher der Kapitalist die Ware zu *ihrem Wert*, d.h. als Kristallisation des auf sie verwendeten *Gesamtarbeitsquantums*, so muß er sie notwendigerweise mit Profit verkaufen. Er verkauft nicht nur, was ihm ein Äquivalent gekostet, er verkauft vielmehr auch, was ihm nichts gekostet, obgleich es die Arbeit seines Arbeiters gekostet hat. Die Kosten der Ware für den Kapitalisten und ihre wirklichen Kosten sind zweierlei Dinge. Ich wiederhole daher, daß normale und durchschnittliche Profite gemacht werden durch Verkauf der Waren nicht *über*, sondern zu *ihren wirklichen Werten*.

11. Die verschiednen Teile, in die der Mehrwert zerfällt

Den *Mehrwert* oder den Teil des Gesamtwerts der Ware, worin die *Mehrarbeit* oder *unbezahlte Arbeit* des Arbeiters vergegenständlicht ist, nenne ich *Profit*. Es ist nicht die Gesamtsumme dieses Profits, die der industrielle Kapitalist einsteckt. Das Bodenmonopol setzt den Grundeigentümer in den Stand, einen Teil dieses *Mehrwerts* unter dem Namen *Rente* an sich zu ziehn, sei es, daß der Boden für Agrikultur oder Baulichkeiten oder Eisenbahnen, sei es, daß er für irgendeinen andern produktiven Zweck benutzt wird. Andrerseits, gerade die Tatsache, daß der Besitz der *Arbeitsmittel* den industriellen Kapitalisten befähigt, einen *Mehrwert* zu produzieren, oder, was auf dasselbe hinausläuft, *sich eine bestimmte Menge unbezahlter Arbeit anzueignen*, befähigt den Eigentümer der Arbeitsmittel, die er ganz oder teilweise dem industriellen Kapitalisten leiht – befähigt, in einem Wort, den *geldverleihenden Kapitalisten*, einen andern Teil dieses Mehrwerts, unter dem Namen *Zins* für sich in Anspruch zu nehmen, so daß dem industriellen Kapitalisten *als solchem* nur verbleibt, was man *industriellen* oder *kommerziellen Profit* nennt.

Welche Gesetze diese Teilung der Gesamtmenge des Mehrwerts unter die drei Menschenkategorien regulieren, ist eine Frage, die unserm Gegenstand gänzlich fernliegt.[57] Soviel resultiert indes aus dem bisher Entwickelten.

Rente, Zins und industrieller Profit sind bloß *verschiedne Namen für verschiedne Teile des Mehrwerts* der Ware oder der *in ihr vergegenständlichten unbezahlten Arbeit* und *leiten sich in gleicher Weise aus dieser Quelle und nur aus ihr her*. Sie leiten sich nicht aus dem *Boden* als solchem her oder aus dem *Kapital* als solchem, sondern Boden und Kapital setzen ihre Eigentümer in den Stand, ihre respektiven Anteile an dem von dem industriellen Kapitalisten aus seinem Arbeiter herausgepreßten Mehrwert zu erlangen. Für den Arbeiter selbst ist es eine Angelegenheit von untergeordneter Bedeutung, ob jener Mehrwert, der das Resultat seiner Mehrarbeit oder unbezahlten Arbeit ist, ganz von dem industriellen Kapitalisten eingesteckt wird oder ob letzterer Teile davon unter den Namen Rente und Zins an dritte Personen weiterzuzahlen hat. Unterstellt, daß der industrielle Kapitalist nur sein eignes Kapital anwendet und sein eigner Grundeigentümer ist. In diesem Fall wanderte der ganze Mehrwert in seine Tasche.

---

[57] Diese Fragen hat Marx eingehend in seinem Entwurf zum dritten Buch des Kapitals untersucht. – Im Bd. I vgl. MEW, Bd. 23, S. 589f.; NTA, S. 499f.

Es ist der industrielle Kapitalist, der unmittelbar Mehrwert aus dem Arbeiter herauspreßt, welchen Teil auch immer er schließlich zu behalten imstande ist. Um dies Verhältnis zwischen industriellem Kapitalisten und Lohnarbeiter dreht sich daher das ganze Lohnsystem und das ganze gegenwärtige Produktionssystem. Einige Bürger, die an unsrer Debatte teilnahmen, taten daher unrecht, als sie versuchten, die Dinge zu beschönigen und dies grundlegende Verhältnis zwischen industriellem Kapitalisten und Arbeiter als eine zweitrangige Frage zu behandeln, obgleich sie recht hatten mit der Feststellung, daß unter gegebnen Umständen ein Steigen der Preise in sehr ungleichen Graden den industriellen Kapitalisten, den Grundeigentümer, den Geldkapitalisten und, wenn es beliebt, den Steuereinnehmer berührt,.

Aus dem bisher Entwickelten folgt nun noch etwas andres.

Der Teil des Werts der Ware, der nur den Wert der Rohstoffe, der Maschinerie, kurz den Wert der verbrauchten Produktionsmittel repräsentiert, bildet überhaupt *kein Einkommen*, sondern ersetzt *nur Kapital*. Aber abgesehn hiervon ist es falsch, daß der andre Teil des Werts der Ware, *der Einkommen bildet* oder in Form von Arbeitslohn, Profit, Rente, Zins verausgabt werden kann, sich aus dem Wert des Arbeitslohns, dem Wert der Rente, dem Wert des Profits usw. *konstituiert*. Wir wollen zunächst einmal den Arbeitslohn aus dem Spiel lassen und nur den industriellen Profit, Zins und Rente behandeln. Eben sahen wir, daß der in der Ware enthaltne *Mehrwert*, oder der Teil ihres Werts, worin *unbezahlte Arbeit* vergegenständlicht, sich *auflöst* in verschiedne Teile mit drei verschiednen Namen. Aber es hieße die Wahrheit in ihr Gegenteil verkehren, wollte man sagen, daß ihr Wert sich aus den *selbständigen Werten dieser drei Bestandteile zusammensetzt* oder sich durch deren *Zusammensetzung bildet*.

Wenn eine Arbeitsstunde sich vergegenständlicht in einem Wert von 6 d., wenn der Arbeitstag des Arbeiters 12 Stunden ausmacht, wenn die Hälfte dieser Zeit aus unbezahlter Arbeit besteht, wird diese Mehrarbeit der Ware einen *Mehrwert* von 3 sh. zusetzen, d.h. einen Wert, für den kein Äquivalent gezahlt worden ist. Dieser Mehrwert von 3 sh. konstituiert den *ganzen Fonds*, den sich der industrielle Kapitalist mit dem Grundeigentümer und dem Geldverleiher, in welchen Proportion immer, teilen kann. Der Wert dieser 3 sh. konstituiert die Grenze des Werts, den sie unter sich zu verteilen haben. Es ist aber nicht der industrielle Kapitalist, der dem Wert der Ware einen willkürlichen Wert zum Zwecke seines Profits zusetzt, dem ein weitrer Wert für den Grundeigentümer angereiht wird usw., so daß die Zusammenzählung dieser drei willkürlich festgestellten Werte den Gesamtwert konstituierte. Ihr seht daher das Trügliche der landläufigen Vorstellung, die die *Spaltung* eines *gegebenen Werts* in drei Teile mit der *Bildung* dieses Werts durch Zusammenzählung dreier *selbständiger* Werte verwechselt, indem sie so den Gesamtwert, woraus Rente, Profit und Zins sich herleiten, in eine willkürliche Größe verwandelt.

Wenn der von einem Kapitalisten realisierte Gesamtprofit gleich 100 Pfd.St. ist, so nennen wir diese Summe, als *absolute* Größe betrachtet, die *Menge des Profits*. Berechnen wir aber das Verhältnis, worin diese 100 Pfd.St. zu dem vorgeschossenen Kapital stehn, so nennen wir diese *relative* Größe die *Rate des Profits*. Es ist augenscheinlich, daß diese Profitrate auf zweierlei Art ausgedrückt werden kann.

Unterstellt, 100 Pfd.St. seien in *Arbeitslohn vorgeschossenes* Kapital. Wenn der erzeugte Mehrwert ebenfalls 100 Pfd.St. beträgt – was uns anzeigen würde, daß der halbe Arbeitstag des Arbeiters aus *unbezahlter* Arbeit besteht – und wir diesen Profit an dem in Arbeitslohn vorgeschossenen Kapital messen, so würden wir sagen, daß die *Profitrate* sich auf 100% beliefe, weil der vorgeschossene Wert 100 und der realisierte Wert 200 wäre.

Wenn wir andrerseits nicht bloß das *in Arbeitslohn vorgeschossene Kapital* betrachten, sondern das *vorgeschossene Gesamtkapital*, sage z.B. 500 Pfd.St., wovon 400 Pfd.St. den Wert der Rohstoffe, Maschinerie usw. repräsentierten, so würden wir sagen, daß die *Profitrate* sich nur auf 20% beliefe, weil der Profit von 100 nicht mehr wäre als der fünfte Teil des vorgeschossenen Gesamtkapitals.

Die erste Ausdrucksform der Profitrate ist die einzige, die euch das wirkliche Verhältnis zwischen bezahlter und unbezahlter Arbeit anzeigt, den wirklichen Grad der *Exploitation* (ihr müßt mir dies französische Wort gestatten) *der Arbeit*. Die andre Ausdrucksform ist die allgemein übliche, und in der Tat ist sie für bestimmte Zwecke geeignet. Jedenfalls ist sie sehr nützlich zur Verschleierung des Grads, worin der Kapitalist Gratisarbeit aus dem Arbeiter herauspreßt.

In den Bemerkungen, die ich noch zu machen habe, werde ich das Wort *Profit* für die Gesamtmenge des von dem Kapitalisten herausgepreßten Mehrwerts anwenden ohne jede Rücksicht auf die Teilung dieses Mehrwerts zwischen den verschiednen Personen, und wo ich das Wort *Profitrate* anwende, werde ich stets den Profit am Wert des in Arbeitslohn vorgeschossenen Kapitals messen.[58]

---

[58] Profitrate – im Kapital hat Marx dieses Verhältnis von abgepresstem Mehrwert (Profit) und Wert des in Arbeitslohn vorgeschossnen Kapitals stets als Mehrwertrate bezeichnet (vgl. Anm. 55). Für das Verständnis der nachfolgenden Überlegungen ist

12. Das allgemeine Verhältnis zwischen Profiten, Arbeitslöhnen und Preisen

Zieht man von dem Wert einer Ware jenen Wert ab, der Ersatz ist für den in ihr enthaltnen Wert der Rohstoffe und andern Produktionsmittel, d.h. den Wert der in ihr enthaltnen *vergangnen* Arbeit, so löst sich der Rest ihres Werts in das Arbeitsquantum auf, das ihr der *zuletzt* beschäftigte Arbeiter zugesetzt hat.[59] Wenn dieser Arbeiter 12 Stunden täglich arbeitet, wenn sich 12 Stunden Durchschnittsarbeit in einer Goldmenge gleich 6 sh. kristallisieren, so wird dieser zugesetzte Wert von 6 sh. der *einzige* Wert sein, den seine Arbeit geschaffen hat. Dieser gegebne, durch seine Arbeitszeit bestimmte Wert ist der einzige Fonds, wovon beide, er und der Kapitalist, ihre respektiven Anteile oder Dividenden ziehn können, der einzige Wert, der in Arbeitslohn und Profit geteilt werden kann. Es ist klar, daß dieser Wert, selbst nicht geändert wird durch die variablen Proportionen, worin er zwischen den beiden Parteien geteilt werden mag. Es würde hieran auch nichts geändert, wenn statt eines einzigen Arbeiters die gesamte Arbeiterbevölkerung unterstellt wird, 12 Millionen Arbeitstage z.B. an Stelle eines einzigen.

Da Kapitalist und Arbeiter nur diesen begrenzten Wert zu teilen haben, d.h. den durch die Gesamtarbeit des Arbeiters gemessenen Wert, so erhält der eine desto mehr, je weniger dem andern zufällt, und umgekehrt. Sobald ein Quantum gegeben ist, wird der eine Teil davon zunehmen, wie, umgekehrt, der andre abnimmt. Wenn der Arbeitslohn sich ändert, wird der Profit sich in entgegengesetzter Richtung ändern. Wenn der Arbeitslohn fällt, so steigt der Profit; und wenn der Arbeitslohn steigt, so fällt der Profit. Würde der Arbeiter nach unsrer frühern Unterstellung 3 sh. gleich der Hälfte des von ihm erzeugten Werts erhalten oder sein ganzer Arbeitstag zur Hälfte aus bezahlter, zur Hälfte aus unbezahlter Arbeit bestehn, so würde die *Profitrate* 100% ausmachen, weil der Kapitalist ebenfalls 3 sh. erhielte. Würde der Arbeiter nur 2 sh. erhalten oder nur $^1/_3$ des ganzen Tags für sich arbeiten, so erhielte der Kapitalist 4 sh., und die Profitrate wäre 200%. Würde der Arbeiter 4 sh. erhalten, so erhielte der Kapitalist nur 2, und die Profitrate würde

es unerlässlich, diese terminologische Differenz zu beachten und für Profitrate stets Mehrwertrate zu lesen.

[59] der zuletzt beschäftigte Arbeiter – dies ist, wie nachfolgend klar wird, nicht wörtlich zu nehmen; gemeint sind vielmehr alle Arbeiter, die in der jeweiligen Fabrik mit der Herstellung dieser Ware beschäftigt waren.

auf 50%[60] sinken, aber alle diese Veränderungen werden nicht den Wert der Ware berühren. Eine allgemeine Lohnsteigerung würde daher auf eine Senkung der allgemeinen Profitrate hinauslaufen, ohne jedoch die Werte zu beeinflussen.

Aber obgleich die Werte der Waren, die in letzter Instanz ihre Marktpreise regulieren müssen, ausschließlich bestimmt sind durch die Gesamtquanta der in ihnen dargestellten Arbeit und nicht durch die Teilung dieses Quantums in bezahlte und unbezahlte Arbeit, so folgt daraus keineswegs, daß die Werte der einzelnen Waren oder Warenmengen, die z.B. in 12 Stunden produziert worden sind, konstant bleiben. Die in gegebner Arbeitszeit oder mit gegebnem Arbeitsquantum erzeugte *Zahl* oder Masse von Waren hängt ab von der *Produktivkraft* der angewandten Arbeit und nicht von ihrer *Dauer* oder Länge. Mit dem einen Grad der Produktivkraft der Spinnarbeit z.B. mag ein Arbeitstag von 12 Stunden 12 Pfund Garn produzieren, mit einem geringeren Grad nur 2 Pfund. Wenn nun zwölfstündige, Durchschnittsarbeit sich in dem einen Fall in einem Wert von 6 sh. vergegenständlichte, so würden die 12 Pfund Garn 6 sh. kosten, in dem andern Fall die 2 Pfund Garn ebenfalls 6 sh. Ein Pfund Garn würde daher in dem einen Fall 6 d., in dem andern 3 sh. kosten. Diese Differenz des Preises würde resultieren aus der Differenz in den Produktivkräften der angewandten Arbeit. Mit der größeren Produktivkraft würde in 1 Pfund Garn 1 Arbeitsstunde vergegenständlicht, mit der geringeren dagegen 6 Arbeitsstunden. Der Preis von 1 Pfund Garn betrüge in dem einen Fall nur 6 d., obgleich der Arbeitslohn relativ hoch und die Profitrate niedrig wäre; er betrüge in dem andern Fall 3 sh., obgleich der Arbeitslohn niedrig und die Profitrate hoch wäre. Das wäre der Fall, weil der Preis des Pfundes Garn reguliert wird durch das *Gesamtquantum der in ihm aufgearbeiteten Arbeit* und nicht durch die *proportionelle Teilung dieses Gesamtquantum in bezahlte und unbezahlte Arbeit*. Die von mir vorhin erwähnte Tatsache, daß hochbezahlte Arbeit wohlfeile und niedrig bezahlte Arbeit teure Waren produzieren kann, verliert daher ihren paradoxen Schein. Sie ist nur der Ausdruck des allgemeinen Gesetzes, daß der Wert einer Ware reguliert wird durch das in ihr aufgearbeitete Arbeitsquantum, daß aber das in ihr aufgearbeitete Arbeitsquantum ganz abhängt von der Produktivkraft der angewandten Arbeit und daher mit jedem Wechsel in der Produktivität der Arbeit wechseln wird.

---

[60] In der Handschrift versehentlich: 331/3%

13. Die hauptsächlichsten Versuche, den Arbeitslohn zu heben oder seinem Sinken entgegenzuwirken

Laßt uns nun nacheinander die Hauptfälle betrachten, worin eine Steigerung des Arbeitslohns versucht oder seiner Herabsetzung entgegengewirkt wird.

1. Wir haben gesehn, daß der *Wert der Arbeitskraft*, oder in landläufigerer Redeweise: der *Wert der Arbeit*, bestimmt ist durch den Wert der Lebensmittel oder das zu ihrer Produktion erheischte Arbeitsquantum. Wenn nun in einem gegebnen Land der Durchschnittswert der täglichen Lebensmittel eines Arbeiters 6 Arbeitsstunden repräsentierte, die sich in 3 sh. ausdrückten, so würde der Arbeiter 6 Stunden täglich zu arbeiten haben, um ein Äquivalent für seinen täglichen Lebensunterhalt zu produzieren. Wäre der ganze Arbeitstag 12 Stunden, so würde der Kapitalist ihm den Wert seiner Arbeit bezahlen, indem er ihm 3 sh. zahlte. Der halbe Arbeitstag bestünde aus unbezahlter Arbeit und die Profitrate beliefe sich auf 100%. Unterstellt jedoch nun, daß infolge einer Verminderung der Produktivität mehr Arbeit erforderlich würde, um sage dieselbe Menge landwirtschaftlicher Produkte zu produzieren, so daß der Durchschnittspreis der täglichen Lebensmittel von 3 auf 4 sh. stiege. In diesem Fall würde der *Wert* der Arbeit um $^1/_3$ oder $33^1/_3$% steigen. Acht Stunden des Arbeitstags wären erheischt, um ein Äquivalent für den täglichen Lebensunterhalt des Arbeiters entsprechend seinem alten Lebensstandard zu produzieren. Die Mehrarbeit würde daher von 6 auf 4 Stunden und die Profitrate von 100 auf 50% sinken. Bestünde aber der Arbeiter auf einer Steigerung des Arbeitslohns, so würde er bloß darauf bestehn, den *gestiegnen Wert seiner Arbeit* zu erhalten, genau wie jeder andre Verkäufer einer Ware, der, sobald die Kosten seiner Ware gestiegen, den Versuch macht, ihren gestiegnen Wert bezahlt zu bekommen. Stiege der Arbeitslohn gar nicht oder nicht genügend, um die erhöhten Werte der Lebensmittel zu kompensieren, so würde der *Preis* der Arbeit unter *den Wert der Arbeit* sinken und der Lebensstandard des Arbeiters würde sich verschlechtern.

Aber es könnte ein Wechsel auch in umgekehrter Richtung eintreten. Infolge der vermehrten Produktivität der Arbeit könnte dieselbe Durchschnittsmenge der täglichen Lebensmittel von 3 auf 2 sh. sinken, oder es wären bloß 4 statt 6 Stunden des Arbeitstags erforderlich zur Reproduktion eines Äquivalents für den Wert der täglichen Lebensmittel. Der Arbeiter würde nun befähigt, mit 2 sh. ebensoviel Lebensmittel zu kaufen, wie früher mit 3 sh. In der Tat wäre der *Wert der Arbeit* gesunken, aber dieser verminderte Wert würde dieselbe Lebensmittelmenge kommandieren wie früher. Dann würde der Profit von 3 auf 4 sh. steigen und die Profitrate von 100 auf 200%. Obgleich der absolute Lebensstandard des Arbeiters derselbe geblieben wäre, wäre sein *relativer* Arbeitslohn und damit seine *relative gesellschaftliche Stellung*, verglichen mit der des Kapitalisten, niedriger geworden. Sollte der Arbeiter dieser Herabsetzung des relativen Arbeitslohns widerstreben, so wäre das bloß ein Versuch, sich einen gewissen Anteil an der Vermehrung der Produktivkraft seiner eignen Arbeit zu sichern und seine frühere relative Stellung auf der gesellschaftlichen Stufenleiter zu behaupten. So reduzierten die englischen Fabriklords nach Abschaffung der Korngesetze, und unter offensichtlicher Verletzung der während der Anti-Korngesetz-Agitation feierlichst gegebnen Versprechungen, den Arbeitslohn allgemein um 10%. Der Widerstand der Arbeiter ward anfangs überwunden, aber infolge von Umständen, auf die ich jetzt nicht eingehn kann, wurden die verlornen 10% nachträglich wiedererlangt.[61]

2. Der *Wert* der Lebensmittel, und darum der *Wert* der *Arbeit,* könnte derselbe bleiben, aber sein *Geldpreis* könnte infolge eines vorhergehenden *Wechsels* im *Wert des Geldes* eine Änderung erfahren.

Nach Entdeckung ergiebigerer Minen usw. brauchte z.B. die Produktion von zwei Unzen Gold nicht mehr Arbeit zu kosten als früher die von einer Unze. Der *Wert* des Goldes hätte sich dann um die Hälfte oder 50% vermindert. Da nun die *Werte* aller andern Waren, in ihren frühern *Geldpreisen* ausgedrückt, verdoppelt wären, so auch der *Wert der Arbeit.* Zwölf Arbeitsstunden, früher in 6 sh. ausgedrückt, würden sich nun in 12 sh. ausdrücken. Bliebe der Lohn des Arbeiters, statt auf 6 sh. zu steigen, 3 sh., so wäre der *Geldpreis seiner Arbeit* bloß gleich dem *halben Wert seiner Arbeit,* und sein Lebensstandard würde sich furchtbar verschlechtern. Dies fände in größerem oder geringerem Grad auch dann statt, wenn sein Arbeitslohn zwar stiege, aber nicht im Verhältnis zum Sinken des Goldwerts. In diesem Fall hätte sich nichts geändert, weder die Produktivkraft der Arbeit noch Angebot und Nachfrage, noch die Werte. Es hätte sich nichts geändert außer den Geld*namen* jener Werte. Wird gesagt, daß der Arbeiter in diesem Fall nicht auf einer proportionellen Lohnsteigerung bestehen solle, so heißt das, er solle sich damit zufriedengeben, mit Namen statt mit Sachen bezahlt zu werden. Alle bisherige Geschichte beweist, daß, wann immer eine solche Entwertung des Geldes vor sich geht, die Kapitalisten sich diese Gelegenheit, den Arbeiter übers Ohr zu hauen, nicht entgehen lassen. Eine sehr zahlreiche Schule politi-

---

[61] Vgl. hierzu ausführlicher MEW, Bd. 23, S. 300–309 u. 705f.; NTA, S. 240–250 u. 610–612.

scher Ökonomen versichert, daß infolge der Entdeckung neuer Goldfelder, der besseren Ausbeute der Silberminen und der wohlfeileren Quecksilberzufuhr der Wert der edlen Metalle wieder gesunken sei. Dies würde erklären, warum auf dem Kontinent allgemein und gleichzeitig Versuche unternommen werden, eine Steigerung der Löhne durchzusetzen.

3. Wir haben bis jetzt die Grenzen des *Arbeitstages* als gegeben unterstellt.[62] An sich hat aber der Arbeitstag keine konstanten Grenzen. Die Tendenz des Kapitals geht ständig dahin, ihn bis auf die äußerste physisch mögliche Länge auszudehnen, weil in gleichem Maße die Mehrarbeit und folglich der daraus resultierende Profit vermehrt wird. Je erfolgreicher das Kapital in der Verlängerung des Arbeitstags ist, desto größer ist die Menge fremder Arbeit, die es sich aneignen wird. Während des 17. und selbst in den ersten beiden Dritteln des 18. Jahrhunderts war ein zehnstündiger Arbeitstag Normalarbeitstag in ganz England.[63] Während des Antijakobinerkriegs,[64] der in Wirklichkeit ein von den britischen Baronen geführter Krieg gegen die britischen Arbeitermassen war, feierte das Kapital seine Orgien und verlängerte den Arbeitstag von 10 auf 12, 14, 18 Stunden. *Malthus*, den ihr keineswegs weinerlicher Sentimentalität verdächtigen werdet, veröffentlichte um 1815 ein Pamphlet, worin er erklärte, daß, wenn dieser Zustand fortdaure, das Leben der Nation unmittelbar an seiner Wurzel angegriffen würde.[65] Einige Jahre vor der allgemeinen Einführung der neuerfundenen Maschinerie, um 1765, erschien in England ein Pamphlet unter dem Titel: »*An Essay on Trade*«. Der anonyme Verfasser, ein geschworner Feind der arbeitenden Klassen, deklamiert über die Notwendigkeit, die Grenzen des Arbeitstags auszu-

---

[62] Vgl. hierzu ausführlicher Punkt 1 des 8. Kapitels (MEW, Bd. 23, S. 245–249; NTA, S.187–191).

[63] Vgl. in MEW, Bd. 23, S. 288f.; NTA, S. 229; das Zitat aus William Petty: The political anatomy of Ireland ... To which is added: Verbum sapienti, or an account of the wealth and expences of England, and the method of raising taxes in the most equal manner. London 1691, S. 10 (mit getrennter Paginierung).

[64] Der Terminus Antijakobinerkrieg bezeichnet bei Marx nicht nur die Kriege Großbritanniens gegen das jakobinische Frankreich (1793/94), sondern auch gegen das napoleonische; sie endeten für ihn im Grunde erst mit dem Abschluss des Wiener Kongresses von 1815. Der Terminus selbst stammt von William Cobbett: Paper against Gold; or, The History and Mystery of the Bank of England, of the Debt, of the Stocks, of the Sinking Fund, and of all the other tricks and contrivances, carried on by the means of Paper Money. London 1828, S. 21f., der ihn allerdings nur für die bis 1801 geführten Kriege verwendet hat.

[65] Vgl. in MEW, Bd. 23, S. 581; NTA, S. 492; das Zitat aus Thomas Robert Malthus: An inquiry into the nature and progress of rent, and the principles by which it is regulated. London 1815, S. 49.

dehnen. Unter andern Mitteln zu diesem Zweck schlägt er *Arbeitshäuser* vor, die, wie er sagt, »*Häuser des Schreckens*« sein müßten. Und was ist die Dauer des Arbeitstags, die er für diese »Häuser des Schreckens« vorschreibt? *Zwölf Stunden*,[66] genau dieselbe Zeit, die 1832 von Kapitalisten, politischen. Ökonomen und Ministern nicht nur als existierende, sondern als notwendige Arbeitszeit eines Kindes unter 12 Jahren erklärt wurde.[67]

Indem der Arbeiter seine Arbeitskraft verkauft, und unter dem gegenwärtigen System muß er das tun, überläßt er dem Kapitalisten die Konsumtion dieser Kraft, aber innerhalb gewisser rationeller Grenzen. Er verkauft seine Arbeitskraft, um sie, abgesehn von ihrem natürlichen Verschleiß, zu erhalten, nicht aber um sie zu zerstören. Indem er seine Arbeitskraft zu ihrem Tages- oder Wochenwert verkauft, gilt es als selbstverständlich, daß diese Arbeitskraft in einem Tag oder einer Woche nicht einem zweitägigen oder zweiwöchigen Verschleiß ausgesetzt werde. Nehmt eine Maschine, die 1.000 Pfd.St. wert ist. Wird sie in 10 Jahren verbraucht, so setzt sie dem Wert der Waren, an deren Produktion sie mitwirkt, jährlich 100 Pfd.St. zu. Würde sie in 5 Jahren verbraucht, so setzte sie jährlich 200 Pfd.St. zu, oder der Wert ihres Jahresverschleißes steht in umgekehrtem Verhältnis zu der Zeitdauer, worin sie konsumiert wird. Aber dies unterscheidet den Arbeiter von der Maschine. Die Maschinerie wird nicht ganz im selben Verhältnis, wie sie genutzt wird, altes Eisen. Der Mensch dagegen wird in stärkerem Verhältnis zerrüttet, als aus der bloß numerischen Zusammenrechnung der geleisteten Arbeit ersichtlich sein würde.[68]

Bei ihren Versuchen, den Arbeitstag auf seine frühern rationellen Ausmaße zurückzuführen oder, wo sie die gesetzliche Festsetzung eines Normalarbeitstags nicht erzwingen können, die Überarbeit durch Steigerung des Lohns zu zügeln, eine Steigerung nicht nur in Proportion zu der verlangten Überzeit, sondern in größerer Proportion, erfüllen die Arbeiter

---

[66] Vgl. [John Cunningham:] An essay on trade and commerce. London 1770, S. 242f. u. 260. Zu diesem Buch vgl. die ausführliche Auseinandersetzung in MEW, Bd. 23, insbes. S. 289–293; NTA, S. 229–234.

[67] Im Februar/März 1832 wurden im Parlament die ihm 1831 vorgelegten Gesetzentwürfe über die Beschränkung des Arbeitstags für Kinder und Jugendliche auf zehn Stunden debattiert. Das am 29. August 1833 erlassne Gesetz (An act to regulate the labour of children and young persons in the mills and factories of the United Kingdom) beschränkte die Arbeitszeit von Kindern (9–13 Jahre) auf acht und die von Jugendlichen (14–17 Jahre) auf zehn Stunden. Nachtarbeit wurde für alle Personen unter 18 Jahren verboten, speziell in der Textilindustrie (mit Ausnahme der Seidenspinnerei) die Beschäftigung von Kindern unter 9 Jahren.

[68] Vgl. hierzu das 6. Kapitel und Punkt 1 des 8. Kapitels (MEW, Bd. 23, S. 214–225 u. 245–249; NTA, S. 162–171 u. 187–191).

bloß eine Pflicht gegen sich selbst und ihren Nachwuchs. Sie weisen bloß das Kapital mit seinen tyrannischen Übergriffen in seine Schranken zurück. Zeit ist der Raum zu menschlicher Entwicklung. Ein Mensch, der nicht über freie Zeit verfügt,[69] dessen ganze Lebenszeit – abgesehn von rein physischen Unterbrechungen durch Schlaf, Mahlzeiten usw. – von seiner Arbeit für den Kapitalisten verschlungen wird, ist weniger als ein Lasttier. Er ist eine bloße Maschine zur Produktion von fremdem Reichtum, körperlich gebrochen und geistig verroht. Dennoch zeigt die ganze Geschichte der modernen Industrie, daß das Kapital, wenn ihm nicht Einhalt geboten wird, ohne Gnade und Barmherzigkeit darauf aus ist, die ganze Arbeiterklasse in diesen Zustand äußerster Degradation zu stürzen.

Bei Verlängerung des Arbeitstags mag der Kapitalist *höhern Arbeitslohn* zahlen und dennoch den *Wert der Arbeit* senken, falls die Lohnsteigerung nicht der herausgepreßten größeren Arbeitsmenge und so herbeigeführten rascheren Zerrüttung der Arbeitskraft entspricht. Dies kann auch in andrer Weise geschehn. Eure Bourgeoisstatistiker werden euch z.B. erklären, daß der Durchschnittslohn der Fabrikarbeiterfamilien in Lancashire gestiegen sei. Sie vergessen, daß statt der Arbeit des Mannes, des Haupts der Familie, jetzt sein Weib und vielleicht drei oder vier Kinder unter die Juggernaut-Räder[70] des Kapitals geschleudert sind und daß die Steigerung ihres Gesamtarbeitslohns der Gesamtmehrarbeit, die aus der Familie herausgepreßt worden, durchaus nicht entspricht.

Selbst bei gegebnen Grenzen des Arbeitstags, wie sie jetzt in allen den Fabrikgesetzen unterworfnen Industriezweigen existieren, kann eine Lohnsteigerung notwendig werden, schon um den alten Normal*wert der Arbeit* aufrechtzuerhalten. Durch Erhöhung der *Intensität* der Arbeit mag ein Mann dazu gebracht werden, in einer Stunde soviel Lebenskraft zu verausgaben wie früher in zwei. Dies ist in den Geschäftszweigen, die der Fabrikgesetzgebung unterworfen wurden, bis zu gewissem Grade geschehn durch beschleunigten Lauf der Maschinerie und Ver-

---

[69] Die freie Zeit und ihre Bedeutung, insbesondere für die zukünftige Entwicklung des Menschen, hat Marx im Kapital nicht näher untersucht, aber ausführlich dargestellt im ersten Entwurf dieses Werks. Vgl. Marx: Grundrisse der Kritik der politischen Ökonomie (MEW, Bd. 42, S. 600–607).

[70] Juggernaut – eine Metapher, die im Englischen eine unaufhaltsame Kraft bezeichnet, die alles vernichtet, was ihr im Wege steht. Sie geht zurück auf die Prozessionen zu Ehren des hinduistischen Gottes Jagannatha, die von riesigen, tonnenschweren Prozessionswagen angeführt werden und von Menschenhand kaum zu stoppen sind. Die auf den im 14. Jahrhundert reisenden Jehan de Mandeville zurückgehende Beschreibung, dass sich religiöse Fanatiker an den hohen Feiertagen unter diese Wagen warfen, sich auf diese Weise dem Gott opferten (vgl. The travels of Sir John Mandeville), wird heute als stark übertrieben angezweifelt.

mehrung der Zahl der Arbeitsmaschinen, die ein einzelner nun zu überwachen hat. Wenn die Zunahme der Arbeitsintensität oder der in einer Stunde verausgabten Arbeitsmasse der Verkürzung des Arbeitstags einigermaßen angemessen ist, so wird der Arbeiter noch im Vorteil sein. Wird diese Grenze überschritten, so verliert er in der einen Form, was er in der andern gewonnen, und 10 Arbeitsstunden können dann ebenso ruinierend werden wie früher 12 Stunden. Tritt der Arbeiter dieser Tendenz des Kapitals entgegen, indem er für eine der steigenden Arbeitsintensität entsprechende Lohnsteigerung kämpft, so widersetzt er sich nur der Entwertung seiner Arbeit und der Schwächung seines Nachwuchses.[71]

4. Ihr alle wißt, daß die kapitalistische Produktion aus Gründen, die ich jetzt nicht auseinanderzusetzen brauche, sich in bestimmten periodischen Zyklen bewegt.[72] Sie macht nacheinander den Zustand der Stille, wachsenden Belebung, Prosperität, Überproduktion, Krise und Stagnation durch. Die Marktpreise der Waren und die Marktraten des Profits folgen diesen Phasen, bald unter ihren Durchschnitt sinkend, bald sich darüber erhebend. Wenn ihr den ganzen Zyklus betrachtet, werdet ihr finden, daß die eine Abweichung des Marktpreises durch die andre aufgehoben wird und daß, den Durchschnitt des Zyklus genommen, die Marktpreise der Waren durch ihre Werte reguliert werden. Schön! Während der Phase sinkender Marktpreise, ebenso wie während der Phasen der Krise und der Stagnation, ist der Arbeiter, falls er nicht überhaupt aufs Pflaster geworfen wird, einer Herabsetzung des Arbeitslohns gewärtig. Um nicht der Geprellte zu sein, muß er, selbst während eines solchen Sinkens der Marktpreise, mit dem Kapitalisten darüber markten, in welchem proportionellen Ausmaß eine Lohnsenkung notwendig geworden sei. Wenn er nicht bereits während der Prosperitätsphase, solange Extraprofite gemacht werden, für eine Lohnsteigerung kämpfte, so käme er im Durchschnitt eines industriellen Zyklus nicht einmal zu seinem *Durchschnittslohn* oder dem *Wert* seiner Arbeit. Es ist der Gipfel des Widersinns, zu verlangen, er solle, während sein Arbeitslohn notwendigerweise durch die ungünstigen Phasen des Zyklus beeinträchtigt wird, darauf verzichten, sich während der Prosperitätsphase schadlos zu halten. Allgemein ausgedrückt: Die *Werte* aller Waren werden nur realisiert durch Ausgleichung der ständig wechselnden Marktpreise, die aus den

---

[71] Zur Intensivierung der Arbeit vgl. insbes. den Punkt 3c) des 13. Kapitels sowie die Punkte II. u. IV. des 15. Kapitels (MEW, Bd. 23, S. 431–440, 547f. u. 551f.; NTA, S. 359–368, 462f. u. 465–467).

[72] Vgl. hierzu den Punkt 7 des 13. Kapitels über die Krisen in der Baumwollindustrie und die Punkte 2 u. 3 des 23. Kapitels über die industrielle Reservearmee (MEW, Bd. 23, S. 476–482 u. 650–670; NTA, S. 395–406 u. 535–578).

ständigen Fluktuationen von Nachfrage und Zufuhr entspringen. Auf Basis des gegenwärtigen Systems ist die Arbeit bloß eine Ware wie die andern. Sie muß daher dieselben Fluktuationen durchmachen, um einen ihrem Wert entsprechenden Durchschnittspreis zu erzielen. Es wäre absurd, sie einerseits als Ware zu behandeln und andrerseits zu verlangen, sie solle von den die Warenpreise regelnden Gesetzen ausgenommen werden. Der Sklave erhält eine ständige und fixe Menge zum Lebensunterhalt; der Lohnarbeiter erhält sie nicht. Er muß versuchen, sich in dem einen Fall eine Lohnsteigerung zu sichern, schon um in dem andern wenigstens für die Lohnsenkung entschädigt zu sein. Wollte er sich damit bescheiden, den Willen, die Machtsprüche des Kapitalisten als ein dauerndes ökonomisches Gesetz über sich ergehn zu lassen, so würde ihm alles Elend des Sklaven ohne die gesicherte Existenz des Sklaven zuteil.

5. In allen Fällen, die ich einer Betrachtung unterzogen habe – und sie machen 99 vom Hundert aus –, habt ihr gesehn, daß ein Ringen um Lohnsteigerung nur als Nachspiel *vorhergehender* Veränderungen vor sich geht und das notwendige Ergebnis ist von vorhergehenden Veränderungen im Umfang der Produktion, der Produktivkraft der Arbeit, des Werts der Arbeit, des Werts des Geldes, der Dauer oder der Intensität der ausgepreßten Arbeit, der Fluktuationen der Marktpreise, abhängend von den Fluktuationen von Nachfrage und Zufuhr und übereinstimmend mit den verschiednen Phasen des industriellen Zyklus – kurz, als Abwehraktion der Arbeit gegen die vorhergehende Aktion des Kapitals. Indem ihr das Ringen um eine Lohnsteigerung unabhängig von allen diesen Umständen nehmt, indem ihr nur auf die Lohnänderungen achtet und alle andern Veränderungen, aus denen sie hervorgehn, außer acht laßt, geht ihr von einer falschen Voraussetzung aus, um zu falschen Schlußfolgerungen zu kommen.

14. Der Kampf zwischen Kapital und Arbeit und seine Resultate

1. Nachdem wir gezeigt, daß der periodische Widerstand der Arbeiter gegen eine Lohnherabsetzung und ihre periodisch sich wiederholenden Versuche, eine Lohnsteigerung durchzusetzen, untrennbar sind vom Lohnsystem und eine gebieterische Folge eben der Tatsache sind, daß die Arbeit in die Kategorie der Waren versetzt und daher den Gesetzen unterworfen ist, die die allgemeine Bewegung der Preise regulieren; nachdem wir ferner gezeigt, daß eine allgemeine Lohnsteigerung ein Fallen der allgemeinen Profitrate zur Folge haben, nicht aber die Durchschnittspreise der Waren oder ihre Werte beeinflussen würde, erhebt sich nun

schließlich die Frage, inwiefern in diesem unaufhörlichen Ringen zwischen Kapital und Arbeit letztere Aussicht auf Erfolg hat.

Ich könnte mit einer Verallgemeinerung antworten und sagen, daß wie bei allen andern Waren so auch bei der Arbeit ihr *Marktpreis* sich auf die Dauer ihrem *Wert* anpassen wird; daß daher der Arbeiter, was er auch tun möge, trotz aller Auf- und Abbewegungen, im Durchschnitt nur den Wert seiner Arbeit erhielte, der sich in den Wert seiner Arbeitskraft auflöst, bestimmt durch den Wert der zu ihrer Erhaltung und Reproduktion erheischten Lebensmittel, deren Wert in letzter Instanz reguliert wird durch das zu ihrer Produktion erforderliche Arbeitsquantum.

Allein es gibt gewisse eigentümliche Merkmale, die den *Wert der Arbeitskraft* oder den *Wert der Arbeit* vor dem Wert aller andern Waren auszeichnen. Der Wert der Arbeitskraft wird aus zwei Elementen gebildet – einem rein physischen und einem historischen oder gesellschaftlichen. Seine *äußerste Grenze* ist durch das *physische* Element bestimmt, d.h. um sich zu erhalten und zu reproduzieren, um ihre physische Existenz auf die Dauer sicherzustellen, muß die Arbeiterklasse die zum Leben und zur Fortpflanzung absolut unentbehrlichen Lebensmittel erhalten. Der *Wert* dieser unentbehrlichen Lebensmittel bildet daher die äußerste Grenze des *Werts der Arbeit*. Andrerseits ist die Länge des Arbeitstags ebenfalls durch äußerste, obgleich sehr elastische Schranken begrenzt. Ihre äußerste Grenze ist gegeben mit der Körperkraft des Arbeiters. Wenn die tägliche Erschöpfung seiner Lebenskraft einen bestimmten Grad überschreitet, kann sie nicht immer wieder aufs neue, tagaus, tagein, angespannt werden. Indes ist, wie gesagt, diese Grenze sehr elastisch. Eine rasche Folge schwächlicher und kurzlebiger Generationen wird den Arbeitsmarkt ebensogut mit Zufuhr versorgen wie eine Reihe robuster und langlebiger Generationen.

Außer durch dies rein physische Element ist der Wert der Arbeit in jedem Land bestimmt durch einen *traditionellen Lebensstandard.*[73] Er betrifft nicht das rein physische Leben, sondern die Befriedigung bestimmter Bedürfnisse, entspringend aus den gesellschaftlichen Verhältnissen, in die die Menschen gestellt sind und unter denen sie aufwachsen. Der englische Lebensstandard kann auf den irischen Standard herabgedrückt werden; der Lebensstandard eines deutschen Bauern auf den eines livländischen. Welche bedeutende Rolle in dieser Beziehung historische Tradition und gesellschaftliche Gewohnheit spielen, könnt ihr aus Herrn *Thorntons* Werk von der »*Overpopulation*« ersehn, wo er nachweist,

[73] Vgl. vor allem im Punkt 3 des 4. Kapitels (MEW, Bd. 23, S. 184–189; NTA, S. 136–141).

daß der Durchschnittslohn in verschiednen Ackerbaudistrikten Englands noch heutigentags mehr oder weniger bedeutende Unterschiede aufweist je nach den mehr oder minder günstigen Umständen, unter denen die Distrikte aus dem Zustand der Hörigkeit herausgekommen sind.[74]

Dies historische oder gesellschaftliche Element, das in den Wert der Arbeit eingeht, kann gestärkt oder geschwächt, ja ganz ausgelöscht werden, so daß nichts übrigbleibt als die *physische Grenze.* Während der Zeit des *Antijakobinerkriegs* – unternommen, wie der alte George Rose, dieser unverbesserliche Nutznießer der Steuern und Sinekuren, zu sagen pflegte, um die Tröstungen Unsrer Heiligen Religion vor den Übergriffen der französischen Ungläubigen zu schützen[75] – drückten die ehrenwerten englischen Pächter, die in einer unsrer frühern Zusammenkünfte so zart angefaßt worden sind, die Löhne der Landarbeiter selbst unter jenes *rein physische Minimum*, ließen aber den für die physische Fortdauer des Geschlechts notwendigen Rest vermittels der *Armengesetze* aufbringen.[76] Dies war eine glorreiche Manier, den Lohnarbeiter in einen Sklaven und Shakespeares stolzen Freisassen[77] in einen Pauper zu verwandeln.

Vergleicht ihr die Standardlöhne oder Werte der Arbeit in verschiednen Ländern und vergleicht ihr sie in verschiednen Geschichtsepochen desselben Landes, so werdet ihr finden, daß der *Wert der Arbeit* selber

[74] Vgl. William Thomas Thornton: Over-population and its remedy: or, an inquiry into the extent and causes of the distress prevailing among the labouring classes of the British Islands, and into the means of remedying it. London 1846, z. B. S. 217f.

[75] Zu George Rose (1744–1818), u. a. von 1782 bis 1801 Schatzkanzler, vgl. Cobbett: A New Year's Gift to Old George Rose. In: Cobbett's Weekly Political Register (London), Bd. 32, Nr. 1 vom 4. Januar 1817, Spalten 2–32. – Wo Rose sich in dieser Weise geäußert hat, konnte nicht herausgefunden werden.

[76] Die bis 1834 gültigen Armengesetze, deren Grundlage das 1601 erlassne Armengesetz (An act for the relief of the poor) in Verbindung mit dem 1662 erlassnen Ansiedlungsgesetz (Act for the Better Relief of the Poor of this Kingdom) war, regelten, dass in jedem Kirchspiel eine besondere Armensteuer zu erheben war, aus deren Ertrag jene Einwohner des Kirchspiels eine Unterstützung erhielten, die nicht in der Lage waren, sich und ihre Familie mit den notwendigen Lebensmitteln zu versorgen. Zu den hier angesprochenen Verfahrensweisen der Pächter vgl. auch MEW, Bd. 23, S. 628f. u. 702–704; NTA, S.534f. u. 607–609.

[77] Freisassen (Freibauern) waren, vor Aufhebung der Leibeigenschaft, jene Bauern, die Besitzer eines Bauernhofs und von Lehnspflichten, Abgaben, Frondiensten und ähnlichem befreit waren. Marx spielt hier an auf bei Shakespeare gebrauchte Wendungen über die redlichen bzw. tapferen Freisassen (Heinrich V., 3. Akt, 1. Szene: good yeomen; Richard III., 5. Akt, 3. Szene: bold yeomen), die in jener Zeit den Kernbestand der Infanterie in den englischen Armeen bildeten.

keine fixe, sondern eine variable Größe ist, selbst die Werte aller andern Waren als gleichbleibend unterstellt.[78]

Ein ähnlicher Vergleich würde zeigen, daß nicht bloß die *Marktraten des Profits*, sondern auch seine *Durchschnittsraten* sich ändern.

Was aber die *Profite* angeht, so gibt es kein Gesetz, das ihr *Minimum* bestimmte. Wir können nicht sagen, was die äußerste Grenze ihrer Abnahme sei. Und warum können wir diese Grenze nicht feststellen? Weil wir, obgleich wir das *Minimum* der Arbeitslöhne feststellen können, nicht ihr *Maximum* feststellen können. Wir können nur sagen, daß mit gegebnen Grenzen des Arbeitstags das *Maximum des Profits* dem *physischen Minimum des Arbeitslohns* entspricht; und daß mit gegebnem Arbeitslohn das *Maximum des Profits* einer solchen Verlängerung des Arbeitstags entspricht, wie sie mit den Körperkräften des Arbeiters verträglich ist. Das Maximum des Profits ist daher begrenzt durch das physische Minimum des Arbeitslohns und das physische Maximum des Arbeitstags. Es ist klar, daß zwischen den beiden Grenzen dieser *Maximalprofitrate* eine unendliche Stufenleiter von Variationen möglich ist. Die Fixierung ihres faktischen Grads erfolgt nur durch das unaufhörliche Ringen zwischen Kapital und Arbeit, indem der Kapitalist ständig danach strebt, den Arbeitslohn auf sein physisches Minimum zu reduzieren und den Arbeitstag bis zu seinem physischen Maximum auszudehnen, während der Arbeiter ständig in der entgegengesetzten Richtung drückt.

Die Frage löst sich auf in die Frage nach dem Kräfteverhältnis der Kämpfenden.

2. Was die *Beschränkung des Arbeitstags* angeht, in England wie in allen andern Ländern, so ist sie nie anders als durch *legislative Einmischung* erfolgt.[79] Ohne den ständigen Druck der Arbeiter von außen hätte diese Einmischung nie stattgefunden. Jedenfalls aber war das Resultat nicht durch private Vereinbarung zwischen Arbeitern und Kapitalisten zu erreichen. Eben diese Notwendigkeit *allgemeiner politischer Aktion* liefert den Beweis, daß in seiner rein ökonomischen Aktion das Kapital der stärkere Teil ist.

Was die *Grenzen des Werts der Arbeit* angeht, so hängt seine faktische Festsetzung immer von Angebot und Nachfrage ab, ich meine die Nachfrage nach Arbeit von seiten des Kapitals und das Angebot von Arbeit durch die Arbeiter. In Kolonialländern begünstigt das Gesetz von Ange-

[78] Das Problem der Verschiedenheit der nationalen Arbeitslöhne hat Marx im 20. Kapitel analysiert (vgl. MEW, Bd. 23, S. 583–588; NTA, S. 494–498).

[79] Zu dieser Gesetzgebung vgl. den Punkt 6 des 8. Kapitels (MEW, Bd. 23, S. 294–315; NTA, S. 234–255).

bot und Nachfrage den Arbeiter. Daher der relativ hohe Lohnstandard in den Vereinigten Staaten.[80] Das Kapital kann dort sein Äußerstes versuchen. Es kann nicht verhindern, daß der Arbeitsmarkt ständig entvölkert wird durch die ständige Verwandlung von Lohnarbeitern in unabhängige, selbstwirtschaftende Bauern. Die Tätigkeit eines Lohnarbeiters ist für einen sehr großen Teil der amerikanischen Volks nur eine Probezeit, die sie sicher sind, über kurz oder lang durchlaufen zu haben. Um diesem Stand der Dinge in den Kolonien abzuhelfen, machte sich die väterliche britische Regierung eine Zeitlang das zu eigen, was die moderne Kolonisationstheorie genannt wird, die darin besteht, den Preis des Kolonialbodens künstlich hochzuschrauben, um die allzu rasche Verwandlung des Lohnarbeiters in den unabhängigen Bauern zu verhindern.

Aber wenden wir uns nun den alten zivilisierten Ländern zu, in denen das Kapital den ganzen Produktionsprozeß beherrscht. Nehmt z.B. das Steigen der Landarbeiterlöhne in England von 1849 bis 1859.[81] Was war seine Folge? Weder konnten die Pächter, wie unser Freund Weston ihnen geraten haben würde, den Wert des Weizens noch auch nur seine Marktpreise erhöhn. Sie hatten sich vielmehr mit ihrem Fallen abzufinden. Aber während dieser 11 Jahre führten sie allerlei Maschinerie ein, wandten wissenschaftlichere Methoden an, verwandelten einen Teil des Ackerlandes in Viehweide, erweiterten den Umfang der Pachtungen und damit die Stufenleiter der Produktion, und da sie durch diese und andre Prozeduren die Nachfrage nach Arbeit verringerten, indem sie deren Produktivkraft steigerten, machten sie die ländliche Bevölkerung wieder relativ überflüssig. Das ist in altbesiedelten Ländern allgemein die Methode, wie eine raschere oder langsamere Reaktion des Kapitals auf eine Lohnsteigerung vor sich geht. Ricardo hat richtig bemerkt, daß die Maschinerie ständig mit der Arbeit konkurriert und oft nur eingeführt werden kann, wenn der Preis der Arbeit eine bestimmte Höhe erreicht hat,[82] doch ist die Anwendung von Maschinerie bloß eine der vielen Methoden, die Produktivkraft der Arbeit zu steigern. Genau dieselbe Entwicklung, die die ungelernte Arbeit relativ überflüssig macht, vereinfacht andrerseits die gelernte Arbeit und entwertet sie.[83]

Das gleiche Gesetz findet sich noch in andrer Form. Mit der Entwicklung der Produktivkraft der Arbeit wird die Akkumulation des Ka-

---

[80] Diese Problematik ist ausführlich untersucht im 25. Kapitel (MEW, Bd. 23, S. 792–802; NTA, S. 695–703).

[81] Vgl. hierzu MEW, Bd. 23, S. 667f.; NTA, S. 575f.

[82] Vgl. Ricardo: On the principles of political economy ..., S. 479, im Kapital-Bd. I als zweigeteiltes Zitat (vgl. MEW, Bd. 23, S. 415 u. 454; NTA, S. 344 u. 379).

[83] Vgl. hierzu MEW, Bd. 23, S. 59 u. 211–213; NTA, S. 22 u. 160f.

pitals beschleunigt, selbst trotz einer relativ hohen Lohnrate. Hieraus könnte man schließen, wie *A. Smith*, zu dessen Zeit die moderne Industrie noch in den Kinderschuhen steckte, wirklich schloß, daß diese beschleunigte Akkumulation des Kapitals die Waagschale zugunsten des Arbeiters neigen müßte, indem sie ihm eine wachsende Nachfrage nach seiner Arbeit sichert.[84] Von demselben Standpunkt haben viele jetzt lebende Schriftsteller sich darüber gewundert, daß, da das englische Kapital in den letzten zwanzig Jahren soviel rascher als die englische Bevölkerung gewachsen ist, der Arbeitslohn nicht bedeutender gestiegen sei. Allein gleichzeitig mit dem Fortschritt der Akkumulation findet eine *fortschreitende Veränderung* in der *Zusammensetzung des Kapitals* statt. Der Teil des Gesamtkapitals, der aus fixem Kapital – Maschinerie, Rohstoffen, Produktionsmitteln in allen erdenklichen Formen – besteht,[85] nimmt stärker zu, verglichen mit dem andern Teil des Kapitals, der in Arbeitslohn oder im Ankauf von Arbeit ausgelegt wird. Dies Gesetz ist mehr oder weniger präzis festgestellt worden von Barton, Ricardo, Sismondi, Professor Richard Jones, Professor Ramsay, Cherbuliez u.a.[86]

Wenn das Verhältnis dieser beiden Elemente des Kapitals ursprünglich 1:1 war, so wird es im Fortschritt der Industrie 5:1 usw. werden. Wenn von einem Gesamtkapital von 600 in Instrumenten, Rohstoffen usw. 300 und 300 in Arbeitslohn ausgelegt ist, so braucht das Gesamtkapital nur verdoppelt zu werden, um eine Nachfrage nach 600 Arbeitern statt nach 300 zu schaffen. Bei einem Kapital von 600, von dem 500 in Maschinerie, Materialien usw. und nur 100 in Arbeitslohn ausgelegt sind, muß dasselbe Kapital von 600 auf 3.600 anwachsen, um eine Nachfrage

[84] Vgl. Smith: An inquiry ..., S. 70.

[85] Für den aus fixem Kapital bestehenden Teil des Gesamtkapitals hat Marx im Kapital-Bd. I den Begriff des konstanten Kapitals verwendet und unter das fixe Kapital lediglich Maschinen, Ausrüstungen und Gebäude subsumiert (vgl. MEW, Bd. 23, S. 214–225 u. 798f.; NTA, S. 162–171 u. 700f.).

[86] Auffassungen der genannten englischen Ökonomen zu diesem Gesetz hat Marx im Kapital-Band I zitiert. Vgl. MEW, Bd. 23, S. 660; NTA, S. 569f. Im Einzelnen vgl. dazu John Barton: Observations on the circumstances which influence the condition of the labouring classes of society. London 1817, S. 16f., und Ricardo: On the principles of political economy ..., S. 469 u. 480, sowie die Ausführungen in den Mehrwerttheorien (MEW, Bd. 26.2, S. 579–584); Richard Jones: An introductory lecture on political economy. London 1833, S. 50–53, sowie MEW, Bd. 26.3, S. 409f.; George Ramsay: An essay on the distribution of wealth. Edinburgh, London 1836, S. 86–93, sowie MEW, Bd. 26.3, S. 328–330. Mit den diesbezüglichen Auffassungen der genannten Schweizer Ökonomen, Jean-Charles-Léonard Simonde de Sismondi (1773–1842) und Antoine-Elisée Cherbuliez (1797–1869), hat sich Marx dagegen nur in den Mehrwerttheorien auseinandergesetzt (vgl. MEW, Bd. 26.2, S. 50f. u. 354–389).

nach 600 Arbeitern wie im vorigen Fall zu schaffen. Im Fortschritt der Industrie hält daher die Nachfrage nach Arbeit nicht Schritt mit der Akkumulation des Kapitals. Sie wird zwar noch wachsen, aber in ständig abnehmender Proportion, verglichen mit der Vergrößerung des Kapitals.[87]

Diese wenigen Andeutungen werden genügen, um zu zeigen, daß die ganze Entwicklung der modernen Industrie die Waagschale immer mehr zugunsten des Kapitalisten und gegen den Arbeiter neigen muß und daß es folglich die allgemeine Tendenz der kapitalistischen Produktion ist, den durchschnittlichen Lohnstandard nicht zu heben, sondern zu senken oder den *Wert der Arbeit* mehr oder weniger bis zu seiner *Minimalgrenze* zu drücken. Da nun die Tendenz der *Dinge* in diesem System solcher Natur ist, besagt das etwa, daß die Arbeiterklasse auf ihren Widerstand gegen die Gewalttaten des Kapitals verzichten und ihre Versuche aufgeben soll, die gelegentlichen Chancen zur vorübergehenden Besserung ihrer Lage auf die bestmögliche Weise auszunutzen? Täte sie das, sie würde degradiert werden zu einer unterschiedslosen Masse ruinierter armer Teufel, denen keine Erlösung mehr hilft. Ich glaube nachgewiesen zu haben, daß ihre Kämpfe um den Lohnstandard von dem ganzen Lohnsystem unzertrennliche Begleiterscheinungen sind, daß in 99 Fällen von 100 ihre Anstrengungen, den Arbeitslohn zu heben, bloß Anstrengungen zur Behauptung des gegebnen Werts der Arbeit sind und daß die Notwendigkeit, mit dem Kapitalisten um ihren Preis zu markten, der Bedingung inhärent ist, sich selbst als Ware feilbieten zu müssen. Würden sie in ihren tagtäglichen Zusammenstößen mit dem Kapital feige nachgeben, sie würden sich selbst unweigerlich der Fähigkeit berauben, irgendeine umfassendere Bewegung ins Werk zu setzen.

Gleichzeitig, und ganz unabhängig von der allgemeinen Fron, die das Lohnsystem einschließt, sollte die Arbeiterklasse die endgültige Wirksamkeit dieser tagtäglichen Kämpfe nicht überschätzen. Sie sollte nicht vergessen, daß sie gegen Wirkungen kämpft, nicht aber gegen die Ursachen dieser Wirkungen; daß sie zwar die Abwärtsbewegung verlangsamt, nicht aber ihre Richtung ändert; daß sie Palliativmittel anwendet, die das Übel nicht kurieren. Sie sollte daher nicht ausschließlich in diesem unvermeidlichen Kleinkrieg aufgehen, der aus den nie enden wollenden Gewalttaten des Kapitals oder aus den Marktschwankungen unaufhörlich hervorgeht. Sie sollte begreifen, daß das gegenwärtige System bei all dem Elend, das es über sie verhängt, zugleich schwanger geht mit den *materiellen Bedingungen* und den gesellschaftlichen Formen, die für

[87] Zum Problem der organischen Zusammensetzung des Kapitals vgl. insbes. MEW, Bd. 23, S. 657–660; NTA, S. 563–569.

eine ökonomische Umgestaltung der Gesellschaft notwendig sind. Statt des *konservativen* Mottos: »*Ein gerechter Tagelohn für ein gerechtes Tagewerk!*«[88] sollte sie auf ihr Banner die *revolutionäre* Losung schreiben: »*Nieder mit dem Lohnsystem!*«

Nach dieser sehr langen und, wie ich fürchte, ermüdenden Auseinandersetzung, auf die ich mich einlassen mußte, um dem zur Debatte stehenden Gegenstand einigermaßen gerecht zu werden, möchte ich mit dem Vorschlag schließen, folgende Beschlüsse anzunehmen:[89]

1. Eine allgemeine Steigerung der Lohnrate würde auf ein Fallen der allgemeinen Profitrate hinauslaufen, ohne jedoch, allgemein gesprochen, die Warenpreise zu beeinflussen.

2. Die allgemeine Tendenz der kapitalistischen Produktion geht dahin, den durchschnittlichen Lohnstandard nicht zu heben, sondern zu senken.

3. Gewerkschaften tun gute Dienste als Sammelpunkte des Widerstands gegen die Gewalttaten des Kapitals. Sie verfehlen ihren Zweck zum Teil, sobald sie von ihrer Macht einen unsachgemäßen Gebrauch machen. Sie verfehlen ihren Zweck gänzlich, sobald sie sich darauf beschränken, einen Kleinkrieg gegen die Wirkungen des bestehenden Systems zu führen, statt gleichzeitig zu versuchen, es zu ändern, statt ihre organisierten Kräfte zu gebrauchen als einen Hebel zur schließlichen Befreiung der Arbeiterklasse, d.h. zur endgültigen Abschaffung des Lohnsystems.

---

[88] In England wurde dies konservative Motto von dem Schriftsteller Thomas Carlyle (1795–1881) formuliert und spielte im 19. Jahrhundert eine große Rolle. Vgl. Carlyle: Past and Present. London 1843, S. 16, sowie die Kritik von Engels: Ein gerechter Lohn für ein gerechtes Tagewerk. In: MEW, Bd. 19, S. 247–250.

[89] Vgl. hierzu auch den Punkt 6 in den von Marx ein Jahr später verfassten Instruktionen für die Delegierten des Provisorischen Zentralrats zu den einzelnen Fragen. In: MEW, Bd. 16, S. 196–198.